国家出版基金项目
NATIONAL PUBLICATION FOUNDATION

General Textual Research
on Dissemination of Editions of
Marxist Classical Works

马克思主义经典文献传播通考

杨金海　李惠斌　艾四林　主编

田英　著

《工资、价格和利润》王学文、何锡麟、王石巍译本考

辽宁人民出版社

© 田英　2020

图书在版编目（CIP）数据

《工资、价格和利润》王学文、何锡麟、王石巍译
本考 / 田英著. —沈阳：辽宁人民出版社，2020.12
（马克思主义经典文献传播通考 / 杨金海，李惠斌，
艾四林主编）
ISBN 978-7-205-09991-6

Ⅰ . ①工… Ⅱ . ①田… Ⅲ . ①《工资、价格和利
润》—马克思著作研究 Ⅳ . ①A811.23

中国版本图书馆CIP数据核字（2020）第220817号

出版发行：辽宁人民出版社
　　　　　地址：沈阳市和平区十一纬路25号　邮编：110003
　　　　　电话：024-23284321（邮　购）　024-23284324（发行部）
　　　　　传真：024-23284191（发行部）　　024-23284304（办公室）
　　　　　http://www.lnpph.com.cn
印　　刷：辽宁新华印务有限公司
幅面尺寸：160mm×230mm
印　　张：14.25
字　　数：170千字
出版时间：2020年12月第1版
印刷时间：2020年12月第1次印刷
责任编辑：王　琳
装帧设计：晓笛设计工作室　舒刚卫
责任校对：冯　莹
书　　号：ISBN 978-7-205-09991-6

定　　价：68.00元

马克思主义经典文献传播通考

编辑委员会

出版委员会

主　任：张卫峰　杨建军

副主任：张东平　和　龚　杨永富

委　员（以姓氏笔画为序）：

刘建国　许科甲　李红岩　李援朝　杨永富　杨建军　杨贵华

张　洪　张卫峰　张东平　和　龚　武国友　柳建辉　徐　步

聂震宁　黄如军　蔡文祥　魏玉山

本丛书研究得到"教育部哲学社会科学研究重大专项资助"

总

序

　　呈献给读者的这套"马克思主义经典文献传播通考"，旨在立足于21世纪中国和世界发展的历史高度，对我国1949年以前马克思、恩格斯、列宁等重要著作的中文版本进行收集整理，并作适当的版本、文本考证研究，供广大读者特别是致力于深入研究马克思主义经典作家原著的读者阅读使用。计划出版100种，4年内陆续完成编写和出版工作。

一、"马克思主义经典文献传播通考"概念界定

　　"马克思主义经典文献传播通考"在我国学术界是一个全新的概念。之所以这样说，是因为过去从未有人用过这一术语，甚至未曾有过这一理念。在我国学术界，对中国传统经典文献的考据乃至通考性的整理研究并不鲜见，包括对儒、释、道等经典的通考性整理研究成果十分丰富，但对近百年来中文版马克思主义经典文献的考据以及整理性研究只是近年来才逐渐为人们所认识，至于在此基础上的通考性整理研究还几乎没有进入人们的视野。所以，首先有必要对这里所说的"马克思主义经典文献传播通考"这一概念

的含义进行说明。

第一，这里所说的"马克思主义经典文献"，主要是指中文版的马克思、恩格斯、列宁的著作，斯大林的重要著作也适当列入。这些经典文献在中国的翻译传播，如果从1899年初马克思、恩格斯的名字和《共产党宣言》的片段文字传入中国算起，迄今已有120年时间，而且经典著作的翻译传播今天仍然在进行中。但为了工作方便，我们这里主要收集整理1949年以前的经典文献。原因是中华人民共和国成立后的经典著作翻译成果比较系统、完整，又使用比较标准的现代汉语，翻译术语也比较一致，在可见的时间内不需要进行深入的考证说明，同时我们人力有限，也无力做如此浩大的经典文献整理研究工作，只好留待后人去做。再则，这里所列入的主要是比较完整的经典著作文本，不包括片段译文文本，因为这些片段译文太过繁多复杂，我们也无力进行全面的整理研究。当然，个别十分重要的片段译文，也会在考据说明中论及，有的还会附上原文或部分原文。但总体说来，片段译文整理研究工作，也只能留待后人去作分门别类的整理研究了。

第二，这里所说的马克思主义经典文献"传播"，主要是指上述经典文本的翻译、出版，有时也会涉及学习、运用这些著作及其社会影响的情况。这些经典文献在我国的片段翻译传播从清末就开始了。其中，中国资产阶级改良派、革命派等都做过一些工作，但那时人们只是把马克思主义作为西方学术思潮之一来介绍，并没有自觉地把它当作指导中国社会发展的思想来研究运用。真正自觉把马克思主义作为指导中国革命的思想是十月革命之后的事。毛泽东曾经说过："十月革命一声炮响，给我们送来了马克思列宁主义。"①正是从这个意义上说的，是完全正确的。也正是在这个意义上说，李大钊是马克思主义中国化的第一人。在李大钊的引领下，五四新文化运动期间，马克思主义经典文献在中国的翻译传播形成了高潮。在这一时代大潮的推动下，1920年8月，陈望道翻译的《共产党宣言》完整中文译本在上海出版，这是我国历史上第一本完整的中文版马克思主义经典著作，从此开始了大量翻译马克思主义经典著作的历程。特别是1921年中国共产党成立后，我们党更加自觉地有组织、有计划地翻译经典著作。在土地革命战争、抗日战争、解放战争期间，在十分困难的条件下，这一工作始终没有停止。特别是在延安时期，于1938年5月5日马克思诞辰纪念日，中共中央成立了"马列学院"，其主要任务之一就是翻译马列经典著作。以此为阵地，我们党所领导建立的马克思主义翻译和理论研究队伍做了大量工作，到1949年中华人民共和国成立前，主要的马克思主义经典著作中文文本基本上都出版了。同时，在国民党统治区和日伪军占领区，很多进步人士和出版机构特别是三联书店，为马克思主义经典著作的翻译出版作出了重要贡献。设在苏联的莫斯科外国文书籍出版局的中文部为翻译出版中文版马克思主义经典著作作出了特殊重要的贡献。我们这套丛书就是要系统地反映经典著作翻译传播的这一历史过程。同时，也适当反映学习、运用马克思主义理论的历史面貌。

第三，这里所说的马克思主义经典文献传播"通考"，主要是指对上述经典文本的考据性整理和研究。文献考据或考证研究是中国学者作

---

① 毛泽东：《论人民民主专政》，载《毛泽东选集》第四卷，人民出版社1991年版，第1471页。

学问的优秀传统，也是中国学术的一个显著特点。比如古代的经学研究，一定要作相关的文字学、训诂学、版本学、辨伪学、音韵学等的考证研究。没有这些考证工作，得出的结论就靠不住。我们力求继承这个传统，同时，借鉴现代文献学研究方法，来从事马克思主义经典文献传播研究。按照古今文献考据方法，我们将深入考证研究马克思主义经典著作等文献传入中国的各个方面、各个环节，包括文本考据、版本考据、术语考据、语义考据、语用考据、辨伪考据、人物事件考证等。（1）文本考据是对经典著作文本的翻译以及文本内容进行考证研究。如对《共产党宣言》1949年前多个中文版本的翻译情况进行考证并进行各个文本内容的比较研究，考证前人对有关重要思想理解的变化。（2）版本考据是对经典著作等文献的出版性质和版次的考证研究。如《共产党宣言》的某个中文译本是否一个独立译本、是第几次印刷等，都要考证清楚。（3）术语考据主要是对经典著作中的重要概念、术语以及人名、地名的考证研究。如"社会主义"这个概念在历史上曾经有多种译法，这就需要考证清楚。（4）语义考据是对概念含义变化的考证研究。如对"社会主义"的理解在历史上曾经多种多样，需要考证清楚。（5）语用考据是对概念的运用和发展的考证研究。（6）辨伪考据是对有关文献的真假进行考证研究。如有的文章不是马克思写的，而被误认为是马克思写的，后来收入了《马克思恩格斯全集》中文第一版中，这就需要澄清。（7）人物事件考证是对翻译者、传播者以及相关事件等进行考证，以期弄清经典文献翻译出版的来龙去脉。进一步讲，每一类考据又有很多种具体研究工作。如文本考据，包括中外文的文本载体形式研究、文本内容类别研究、文本收集典藏研究、文本整理利用研究、经典作家手稿研究、翻译手稿比较研究、文本研究的历史发展概况研究等。一句话，要做到"辨章学术，考镜源流"。这样，我们的文献考证工作才能做扎实。

同时，还力求借鉴西方解释学的方法，对有关重要概念作更深入的考证研究。既要对某一概念作小语境的考证，即上下文考证，又要作大语境考证，即对当时人们普遍使用此类术语的情况以及当时的历史文化背景作考证研究。进行这些考据工作很有意义，但绝非易事，这就要求我们掌握马克思主义经典著作的翻译史、传播史以及当时整个社会的语言文字环境，还要掌握外文，能够进行外文和中文的比较研究、各个中文版本的比较研究以及相关版本的比较研究。只有这样，才能准确把握经典作家思想的含义，对有关文本、译者的工作等作出公正合理的评价。

在这里，"通考"工作的两个方面即文献整理与考证研究是不可分割的。一方面要把这些文本整理出来，另一方面要把这些文本以及相关的问题考证研究清楚。文献整理是前提和基础，没有前期的文献收集整理就不可能进行深入研究；但考证研究又能够反过来促进文献整理，帮助我们进一步弄清文献之间的关系以及发现新文献，比较完整地再现经典文献的历史风貌。

第四，"马克思主义经典文献传播通考"是一个跨学科、跨专业、综合性、基础性的概念。总体上说，它是马克思主义学科的范畴，但也是文献学、传播学、翻译学、语言学、历史学、文化学、思想史等学科的概念。所以，要深化考证研究工作，需要各个学科的学者共同努力。我们这里只能为各个学科的研究做一些基础性工作。

还需要说明的是，正如大家所知道的，对任何概念的界定都有其局限性，它只能大致说明事物的本质、内涵，而不可能囊括一切。"马克思主义经典文献传播通考"这个概念也是如此，因为它涉及问题、学科太多，不可能十分精确，故而只能作上述大致说明。对这项工作内涵的理解，大家还可以进一步探讨。我们的想法是，"行胜于言"，无论如何，先把这一工作开展起来，在以后的工作中再逐步完善。

二、马克思主义经典文献传播通考何以必要

开展马克思主义经典文献传播通考这项工作之所以必要，是因为事出有因，且势在必然。总体而言，这是中国改革开放40多年实践发展的必然，也是马克思主义理论界乃至整个社会思想文化界深入研究探讨一系列重大理论问题的逻辑必然。

"问题是时代的呼声。"20世纪80年代和90年代初，伴随着改革开放的推进，人们对以往所理解的马克思主义基本理论、基本观点等提出了不少质疑。特别是在"什么是马克思主义""什么是社会主义"这些重大问题上，人们普遍感觉到过去没有弄清楚，需要重新加以理解。邓小平曾经说过："不解放思想不行，甚至于包括什么叫社会主义这个问题也要解放思想。"①他后来又强调说："什么叫社会主义，什么叫马克思主义？我们过去对这个问题的认识不是完全清醒的。"②于是，如何真正全面而准确地理解马克思主义、社会主义成为改革开放时代的大问题。围绕着这个重大时代课题展开了多方面讨论，形成了很多不同

---

① 《邓小平文选》第二卷，人民出版社1994年版，第312页。
② 《邓小平文选》第三卷，人民出版社1993年版，第63页。

观点。

为回答时代面临的课题，人们重新回到"经典文本"，力图把握马克思主义、科学社会主义最原初最本真的含义。这种情况反映到理论界，就提出了"回到马克思"的口号。由此很多学者发表了一系列文章、著作，讨论了各种解读马克思主义经典文本的方式，如"以马解马"即用马克思的话解读，"以恩解马"即以恩格斯的话解读，"以苏解马"即以苏联式马克思主义解读，"以中解马"即以中国化马克思主义解读，等等。这些讨论对人们从不同角度深化对马克思主义的认识发挥了积极作用，但是，问题依然没有被很好解决，因为对文本的理解各有不同，争论仍然不可避免。

随着探讨的深入，人们进一步追问起"文本翻译"问题。有人力图回到经典著作的外文文本即欧洲语言文本，认为中文版的"文本翻译"存在问题。例如，有人认为《共产党宣言》中的"消灭私有制"翻译错了，影响了对所有制改造的理解，这是我们在很长时期内追求"一大二公"社会主义所有制的根源所在，应当翻译为"扬弃私有制"，即对私有制既克服又保留。此种理解似乎可以为改革开放政策提供理论支撑，但也有对马克思主义经典著作的实用主义解读嫌疑，由此同样遭到了批评。

随着对经典文本翻译问题探讨的深入，"版本研究"被提上日程。人们发现在不同历史时期，翻译者对经典著作中重要术语的翻译是不同的，这表明中国人对马克思主义重要观点的理解是在不断变化、不断深入的。比如，在中华人民共和国成立之前，《共产党宣言》有6个完整而独立的中文译本，其中对"消灭私有制"的翻译均不完全相同。1920年陈望道译本是："所以共产党的理论，一言以蔽之，就是：废止私有财产。"1930年华岗译本是："所以共产党的理论可以用一句话来综结，就是：废止私有财产。"1938年成仿吾、徐冰译本是："在这个意义上，共产党人可以把自己的理论归纳在这一句话内：废除私有财产。"1943年8月博古译本是："在这个意义上，共产党人可以用一句话表示自己的理论：消灭私有财产。"1943年9月陈瘦石译本是："从这一意义上说，共产党的理论可用一句话概括：废除私产。"1949年莫斯科译本是："从这个意义上说，共产党人可以把自己的理论概括为一句话：消灭私有制。"可见，关于"消灭私有制"这一重要语句的译法有一个越来越准确的过程。原来译为"废止私有财产"等，只看到了这一观点的表象，只有译为"消灭私有制"才能抓住实质，即从经济制度上解决资本主义国家的社会问题。陈瘦石（当时生活在国民党统治下的知识分子）译为"废除私产"，很不准确，甚至有曲解，因为共产党人要废除的是私有财产制度，而不是简单废除包括私人生活资料在内的私产。由于人们在不同时期、不同社会条件下对《共产党宣言》理解不同，这就需要深入研究这部书的各个版本，并在此基础上进行历史性的文本比较研究。

经典著作"版本研究"深化的一个重要标志应当说是对《共产党宣言》版本的全面考证研究。1998年是《共产党宣言》发表150周年。为纪念这部不朽经典，也为更好理解马克思主义的本质要义，中央编译局和中央电视台联合制作了大型电视文献纪录片《共产党宣言》，笔者作为本片的主要撰稿人，和老专家胡永钦研究员一起对《共产党宣言》的中文版本第一次作了比较全面的梳理，发现这部书总共有12个独立而完整的中文译本，中华人民共和国成立前后分别有6个译本。①后来中国人民大学的高放教授又作了进一步研究，认为连同中国香港、台湾等地中文译本，《共产党宣言》共有23个中译本。②此后，学术界研究《德意志意识形态》《资本论》等经典著作版本的成果也越来越多。通过版本比较研究，人们对经典作家思想的理解越来越深。

对经典文本、翻译、版本研究的深入，又促使马克思主义"传播史"研究兴盛起来。人们发现，只孤立研究某一经典著作的文本、翻译、版本还不够，要深入把握中国人对马克思主义基本观点理解的变化，还需要研究马克思主义在中国传播的完整历史，包括马克思恩格斯列宁名字的翻译、经典著作的片段翻译、经典文本的完整翻译以及出版传播等。比如，关于马克思的名字翻译在历史上就有十几种，包括"马克司""马尔克斯""马陆科斯""马尔格士""麦喀氏""马儿克""马尔克""马克斯"等。通过研究传播史，才能把各个历史阶段的各种经典著作文本的关系弄清楚，通过对其中话语体系主要是概念体系的研究，从整体上弄清中国人100多年来对马克思主义、社会主义的重要概念、主要思想观点的理解。比如"社会主义"一词，在1899年2月发表的《大同学》一文中被译为"安民新学"，这是按照中国传统儒家思想对社会主义的理解；后来借用日文翻译术语，学术界广泛认同并接受了"社会主义"一词的译法，但对它的理解仍然很不相同。比如，孙中山理解

---

① 杨金海、胡永钦：《〈共产党宣言〉在中国的翻译、出版和传播》，载《科学社会主义》1998年"纪念《共产党宣言》发表一百五十周年"特刊；又见杨金海：《〈共产党宣言〉与中华民族的百年命运》，载《光明日报》2008年7月3日。

② 高放：《〈共产党宣言〉有23种中译本》，载《光明日报》2008年10月16日。

的社会主义和后来共产党人理解的社会主义就很不相同。实际上，直到今天我们学术界乃至整个思想界对社会主义的理解还在深化。传播史研究就是要研究这种变化发展的历史，从中发现规律性的东西，澄清人们在一些重大理论问题上的模糊认识，特别是要避免重复劳动。因为有很多现在争论的问题在历史上曾经出现过，有的早已解决，但由于人们不了解历史，常常旧话重提，造成重复劳动甚至新的思想混乱。传播史研究可以有效弥补这方面的不足。

中央编译局的学者们在马克思主义传播史研究方面做了大量工作。从20世纪50年代开始，由于翻译马克思主义经典著作的需要，编译局前辈学者就在不断研究梳理前人的翻译成果，并开展了马克思主义传播史方面的初步研究和宣传普及工作。1954年，中央编译局举办了"马列主义在中国的传播"展览，之后编辑了《马克思列宁主义著作在中国的传播》一书；1957年，为纪念十月革命胜利40周年，又与北京图书馆（即现在国家图书馆前身）合作主办展览；1963年，中央编译局专家丁守和、殷叙彝出版了《从五四启蒙运动到马克思主义的传播》一书；1983年，为纪念马克思逝世100周年，举办了"马克思恩格斯著作在中国"展览，之后编辑整理并由人民出版社出版了《马克思恩格斯著作在中国的传播》一书；1998年，举办了"《共产党宣言》发表一百五十周年"展览，并与中央电视台合作创作了两集文献纪录片《共产党宣言》，笔者为主笔；2011年，为庆祝中国共产党成立90周年，建立了我国第一个"马克思主义传播史展览馆"，创作了8集文献纪录片《思想的历程》，并由中央编译出版社出版《思想的历程——马克思主义在中国的百年传播》一书，笔者为总撰稿；2018年，为纪念马克思诞辰200周年，在国家博物馆举办"真理的力量——纪念马克思诞辰200周年"主题展览。2018年，根据中央机构改革方案，中共中央编译局与中共中央党史研究室、中共中央文献研究室合并成立了中共中央党史和文献研究院，但中央编译局的牌子仍然保留，以便继续用该名出版马列著作，有关专家学者仍然奋斗在马克思主义传播史研究的前沿阵地。由笔者牵头、一批中青年学者参加承担的国家社科基金重点项目"马克思主义传播史研究"正在进行，预计2019年下半年将出版《马克思主义传播史（中国卷）》两卷本。

我国各高校、科研机构以及有关学者在马克思主义传播史研究方面作出了重要贡献。1955年，苏联学者柯托夫的《马克思主义在俄国的传播》一书由于深翻译，在时代出版社出版；次年，苏联学者巴特里凯也夫的《俄国现代无产阶级的出现——马克思主义在俄国的传播》由孟世昌翻译，在上海人民出版社出版。受苏联专家的影响，中国学者也开始研究马克思主义传播问题。比如，北京大学的黄楠森教授等于20世纪50—60年代，就开始研究马克思主义哲学史，其中包括马克思主义传播史内容，70年代初编成油印本。改革开放后，他与施德福、宋一秀教授一起正式出版了三卷本的《马克思主义哲学史》；后来黄楠森又与庄福龄、林利一起主编了八卷本《马克思主义哲学史》，其中第四卷讲马克思主义哲学在俄国的传播与发展，第七卷讲马克思主义哲学在中国的传播和发展。北京大学的林代昭、潘国华于1983年编辑了《马克思主义在中国——从影响传入到传播》，作为"中国近代思想和文化史料集刊"出版。中国人民大学的林茂生于1984年出版了《马克思主义在中国的传播》一书。中国社会科学院近代史研究所的唐宝林于1997年出版了《马克思主义在中国100年》，后来又再版，影响很大。此外，还有其他学者发表了若干关于马克思主义传播史的著作和文章。如姜义华在1983年《近代史研究》第1期发表《马克思主义在中国的初期传播与近代中国的启蒙运动》一文；高军在1986年完成《五四运动前马克思主义在中国的介绍与传播》一书，由湖南人民出版社出版；王炯华于1988年出版《李达与马克思主义哲学在中国》；桂遵义于1992年出版《马克思主义史学在中国》等。

　　进入21世纪后，我国学者在马克思主义传播史方面的研究成果更多，视野更广阔，特别是深化了分门别类的研究。一是加强早期传播的研究。如王东等于2009年出版《马列著作在中国出版简史》；田子渝于2012年出版《马克思主义在中国初期传播史（1918—1922）》；方红于2016年出版《马克思主义在中国的早期翻译与传播》等。二是加强分支学科传播史的研究，包括马克思主义哲学、经济学、法学、新闻学、文艺理论、党建理论、宗教理论等传播史研究。如谈敏于2008年出版《回溯历史——马克思主义经济学在中国的传播前史》；庄福龄于2015年出版《中国马克思主义哲学传播史论》；胡为雄于2015年出版《马克思主义哲学在中国传播与发展的百年历史》；文正邦于2014年出版《马克思主义法哲学在中国》；张小军于2016年出版《马克思主义法学理论在中国的传播与发展（1919—1966）》；丁国旗于2017年出版《马克思主义文艺理论在中国》等。三是加强地方传播史研究。如淮北市委党史研究室于2004年出版《中国共产党淮北地方史》第一卷，专门用一节讲述了"马克思主义在淮北的传播"；闫化川于2017年出版《马克思主义是怎样生根中国的——马克思主义在山东早期传播研究》；2017年，黄进华出版《马克思主义在哈尔滨传播的历史经验和现实启示》。四是加强对马克思主义翻译家和理论家的研究。如叶庆科于2006年出版《杨匏安：我国传播马克思主义的先驱》；郭刚于2010年出版《中国早期马克思主义的传播——梁启超与西学东渐》；笔者主编的《姜椿芳文集》《张仲实文集》分别于2011年、2015年问世，其中包括对姜椿芳、张仲实两位马克思主义翻译大家所作贡献的研究介绍；西南财经大学经济学院和马克思主义经济学研究院编《陈豹隐全集》于2013年之后陆续出版；湖南常德市赵必振研究会对我国马克思主义传播的早期学者赵必振的文献进行整理编纂，于2018年出版《赵必振文集》。五是加强对经典文本解读史、概念史的研究。如王刚于2011年出版《马克思主义中国化的起源语境研究——20世纪30年代前马克思主义在中国的传播及中国化》；尹德树于2013年出版《文化视域下马克思主义在中国的早期传播与发展》。近几年来，一些学者还发表了一系列关于马克思主义概念史的文章，深化了传播史研究。

随着马克思主义传播史研究的深化，系统性的马克思主义"文献编纂"乃至"马藏编纂"工作被提上日程。人们越来越发现，要完整把握马克思主义精髓，特别是要完整把握100多年来中国人对马克思主义理解的情况，需要系统整理马克思主义经典文献。在经典文献典藏方面，中央编译局做了较多工作。由于工作需要，这里的专家学者收集整理了国内最丰富、最齐全的马克思主义经典文献，其中包括中华人民共和国成立后所有中文版的马克思主义经典文献，以及各种外文版的马克思主义经典文献，也包括中华人民共和国成立前的不少经典著作文本文献。国家图书馆、上海图书馆等也拥有丰富的马克思主义经典文献典藏。但即使如此，也不能够满足马克思主义经典文本、版本以及传播史研究的需要，因为这些文献典藏总的来说具有零散性，特别是早期文献，分散珍藏在不同图书馆和有关机构的资料室，人们使用起来很不方便。为此，近些年来不少学者把文献考据研究与文献编纂工作紧密结合起来，推出不少成果。如吕延勤主编《马克思主义在中国早期传播史料长编（1917—1927）》（上、中、下卷），2016年由长江出版社出版；田子渝主编《马克思主义在中国早期传播著作选集（1920—1927）》三卷本，于2018年由湖北人民出版社出版。这些经典文献整理出版大大方便了马克思主义传播的考据研究。但目前的文献整理出版工作仍然有局限性，十月革命之前和大革命之后的经典文献整理出版较少。

于是，学者们提出应当编纂"马藏"。大家知道，中国历史上各个主要学派都有自己的典藏体系，儒家有"儒藏"，佛家有"佛藏"，道家有"道藏"。马克思主义作为在近现代中国影响最大的思想体系，也应当而且能够建立自己的典藏体系。顾海良教授是这方面的领军人物，他领导的北京大学《马藏》编纂工程于2015年3月启动，已经取得初步成果，于2017年5月4日发布出版第一批书共5卷，370万字。他认为，《马藏》编纂工作的任务是"把与马克思主义发展有关的文献集大成地编纂荟萃为一体"，这是很正确的。但这项工作太复杂庞大，需要众多学者一起来做才有可能最终完成。

最近几年，笔者根据中央编译局马克思主义文献典藏情况，围绕"马藏"体系建立也提出了一些想法。笔者认为，"马藏"体系应当包括三个层次：一是核心层，即马克思、恩格斯、列宁等经典作家的手稿以及最初发表的文献；二是基本层，即《马克思恩格斯全集》历史考证版即原文版（亦称 MEGA 版）、《列宁全集》俄文版等经典著作的外文版本，《马克思恩格斯全集》中文第一、二版，《列宁全集》中文第一、二版，中国化马克思主义经典著作；三是外围层，包括经典著作各种版本的选集、文集、专题读本、单行本，以及研究马克思主义经典的代表性著作。这些经典文献有上千卷，可以与中国历史上任何典藏系列（如儒藏、道藏、佛藏）相媲美。①顺便说一句，"马藏"体系的建立将意味着中国现代文化典藏基础的确立，它和中国传统文化典藏一起构成中华文化的典藏体系，其意义远远超出了马克思主义经典著作文本和传播史研究本身。根据这个想法，我们不同单位或部门的学者应当根据自己的工作实际开展工作。"马藏"体系的核心层、基本层实际上一直是由中央编译局在做的，也比较完善了。我们今天最需要做的就是"补短板"，即把外围层中的各种零散的历史性的经典文本文献收集整理起来，供大家作历史性研究之用。这些历史性的经典文献也很多，所以应当首先把中华人民共和国成立前比较完整的经典著作文本整理出来，以供马克思主义经典文本、版本、传播史考据等研究之用。

于是，我们的"马克思主义经典文献传播通考"丛书也就应运而生了。可见，开展这项工作，不是我们一时激动的产物，而是我国学术界马克思主义理论研究逐步深化的逻辑必然，做好这项工作也是当务之急。这项工作做好了，不仅有助于马克思主义经典著作翻译和文本、版本、传播史的研究，也能够为建立完整的"马藏"体系提供历史上的各种基础文本，还有助于整个中国现代思想文化的研究和建设。

---

① 杨金海：《马克思主义发展史学科群建设之思——马克思主义传播史研究视角》，载《北京行政学院学报》2018年第1期。

三、马克思主义经典文献传播通考何以可能

今天进行马克思主义经典文献传播通考是否可行？回答是肯定的。如果放在20年前，做这项工作几乎是不可能的。因为那时大家还没有对马克思主义理论进行深入的文本、版本、传播史、概念史、解读史等考据研究的概念，更没有建立"马藏"的想法，所以，也就不可能有此思想动力。这是从主观上讲的。从客观上看也是如此。当时的研究还很不够，也还没有今天这样发达的信息技术，所以要弄清中华人民共和国成立前究竟有多少经典著作文本已经翻译出来、藏在何处，是很困难的，就更不用说把各种经典著作的不同文本收集起来并整理出版了。

经过长期的积累，特别是近几十年的经典著作研究，今天我们已经具备了进行马克思主义经典文献传播通考的基本条件。

一是越来越多的人意识到经典文献考据研究的重要性，不仅把马克思主义作为意识形态来研究，而且进一步把马克思主义作为科学的学术体系乃至"新国学"之重要内容来研究。长期以来，在我国有一种不正确的认识，就是认为马克思主义是一种意识形态，没有学术性，甚至不是学问。实际上，意识形态也有科学与非科学之分。马克思主义是一种科学的意识形态，由此决定了它具有科学性，完全可以作为学术来研究。之所以有人认为它不具有学术性，一方面，是因为这些人不懂马克思主义；另一方面，是因为我们马克思主义学界在学术、文化层面研究马克思主义不够，有分量的学术成果不多。要克服这一缺陷，就要努力借鉴其他学科的研究方法，包括借鉴我国传统的学术文化研究方法，拿

出可以与其他学科相媲美的学术成果来。例如建立"马藏"体系就是很好的学术性工作。2014年在成中英先生八十大寿庆祝会上，笔者尝试性地提出"新国学"概念。所谓"新国学"，就是包括马克思主义学说在内的中华学术体系，是当代整个中华文化的基础。我们以往所说的"国学"实际上是"老国学"，即以儒、释、道为主的中国传统学术体系，今天这样讲还说得过去，但实际上已经不准确了，再过若干年就更不科学了，因为我们今天还有马克思主义学说。毫无疑问，自五四新文化运动以来，马克思主义在我国已经逐步成为中华学术体系的重要组成部分，可以与传统的儒、释、道等相媲美，因此不能把它排斥在国学之外。类似情况，在历史上是有过先例的。大家知道，佛学是西汉时传入中国的，是外来文化，但2000年后的今天，谁还能说它不是中国文化之一部分呢？马克思主义也是这样，况且它比佛学的作用要大得多，它传入中国才100多年，就深刻改变了中华民族的命运，也深刻改变了中国传统文化，已经成为当今中华文化的重要组成部分乃至核心部分。随着时间的推移，将来我们的国学体系一定会把"马学"加进来，形成"儒、释、道、马"并驾齐驱、以"马"为魂的繁荣发展局面。当然，"马学"作为"新国学"的重要组成部分并为人们所接受，还需要努力构建自己的学术体系。比如要借鉴中国传统学术文化研究的方法，像整理编纂《四库全书》那样，把马克思主义"经""史""子""集"等都整理出来，形成蔚为壮观的经典体系、学术体系，供后人研究之用。此外，我们对马克思主义的各种研究也要具有深厚的学理性。这样，"马学"作为科学的学术体系才能够完善起来。"知难行易"，应当说经过这些年学界同仁的共同努力，已经有越来越多的人意识到马克思主义经典文本整理和考据工作的重要性。这就为顺利推进这项工作奠定了思想基础。

　　二是这些年有关马克思主义经典文本整理研究的成果越来越多，使得我们基本知道了有哪些经典文本、版本及其传播、珍藏等情况。特别是近几年来，这些研究成果每年都在成倍地增长。很多深藏密室的历史文献被挖掘出来，包括一些经典文本、马克思主义经典著作翻译家、出版家、教育家以及取经潮、取经路线、传播方式等，成为学界研究的热点。与之相伴随，马克思主义经典著作原文版、手稿的收集整理和深度研究成果也越来越多。中央编译局的学者在这方面的成果较多。笔者在经典文献研究方面也做了一些工作，如与冯雷共同主编了37卷"马克思主义研究资料"丛书；与李惠斌主编了40卷"马克思主义经典著作研究读本"丛书。王学东主编了64卷"国际共产主义运动历史文献"丛书。这三套丛书均由中央编译出版社出版。清华大学艾四林主编了20卷"马克思主义经典著作导读"丛书。北京大学聂锦芳主编了12卷"重读马克思——文本及其思想"丛书。其他单位学者在这方面的成果也越来越多。这些经典文献的收集整理和相关大型丛书的编辑出版，以及学术界同仁的大量相关研究成果的发表，为我们推进马克思主义经典文献考据工作提供了丰富资料。

　　三是马克思主义经典文本考据研究队伍日益壮大，经验日益丰富，方法不断更新。不仅马克思主义理论界很多学者在从事这方面工作，而且其他各界学者也参与进来，包括翻译界、历史学界、民族学界、宗教学界、文学艺术界等方面的学者近些年来都在积极挖掘整理、考据马克思主义的有关历史文献，使得马克思主义经典文本考据研究逐渐成为

"显学"。自2004年中央马克思主义理论研究和建设工程实施以来，培养了一支老、中、青结合的马克思主义学术队伍。各个大学马克思主义学院相继建立，各级社会科学院的马克思主义研究机构日益建立和完善，党和政府、军队研究机构里马克思主义理论研究队伍不断扩大，社会思想文化界对马克思主义理论的研究、宣传和普及工作在加强，这些都大大加速了马克思主义学术队伍培养和学科建设的步伐。特别是近年来，一批优秀的中青年马克思主义学者茁壮成长。他们思维敏捷，年富力强，外语水平很高，知识结构新颖，研究方法现代，不仅能够借鉴中国传统的考据方法，也能够借鉴西方解释学方法等进行研究，越来越具备了中外比较研究、历史比较研究的能力，由此，成为经典文本考据研究的中坚力量。

四是当今发达的信息技术为我们查找、收集、研究经典文本文献提供了快捷便利的条件。进行深入的经典文献考证，需要掌握大量国内外文献资料。比如要用到马克思手稿，而原始手稿的大约三分之二珍藏在荷兰皇家科学院国际社会历史研究所档案馆，三分之一珍藏在俄罗斯国家社会政治史档案馆；要考证经典文本的翻译，还会用到日文版经典著作文本，而这些大多珍藏在日本，个别文本分散珍藏在我国各地的图书馆。要大量使用这些资料在过去几乎是不可能的，但是在今天，通过网络信息技术，就可以比较好地解决这些问题。再者，随着我国现代化事业的推进，我们的经济实力越来越强，在马克思主义经典文本研究方面的投入越来越多。这些物质力量的增强为我们开展这样大规模的整理编纂工作提供了保障。

总体而言，经过马克思主义学界同仁的长期努力，中国已经成为当今世界最大的马克思主义经典著作翻译和研究国家。特别是近些年来，我国学者关于经典文本考据研究的理念越来越新、成果越来越多、队伍越来越强、保障条件越来越好。随着马克思主义学院的建立，马克思主义理论教学和科研工作越来越受到重视，学科体系建设越来越完善，我们的研究成果也越来越有用武之地。这些都为我们深入开展大规模的经典文献整理和研究提供了现实可能性。

四、"马克思主义经典文献传播通考"丛书编写的思路和原则

马克思主义经典著作是学习和研究马克思主义理论的基础文本，历来为人们所重视。在我国马克思主义传播史上，曾经翻译出版过很多种经典著作的中文本。比如，《共产党宣言》总共有至少 12 个完整的中文译本；《资本论》在 1949 年以前也有好几个中文译本。这样说来，光是 1949 年以前翻译出版的经典著作文本或专题文献文本就有上百种。这些不同的中文译本反映了中国人在不同历史时期对马克思主义经典著作理解的不同水平。

编辑这套丛书的直接目的，是要把 1949 年以前的主要经典著作文本原汁原味地编辑整理出来，并作适当的考证说明，供大家作深入的历史比较研究、国际比较研究之用；从更长远的目的看，是要为建构完整的中国马克思主义典藏体系、学术体系、话语体系乃至为建构现代中华文化体系做一些基础性工作；最终目的，则是要通过历史比较，总结经验，澄清是非，廓清思想，统一认识，破除对马克思主义错误的或教条

式的理解，全面而准确地把握马克思主义理论精髓，弘扬马克思主义精神，继承马克思主义理论，在此基础上深化对中国化马克思主义的理解和研究，为推进当代中国马克思主义、21世纪马克思主义，确保科学社会主义伟大事业长久发展提供科学的理论支撑。

本丛书体现如下特点，这也是丛书编写工作所力求遵循的原则：第一，体现历史性和系统性。本丛书主要收集1949年以前的经典著作中文译本，对1949年以后个别学者的译本也适当收入。中华人民共和国成立后由中央编译局翻译出版的经典著作，由于各大图书馆都可以查到，且各种译本变化不大，故不在收录范围。对所收集的历史文献力求系统、完整，尽可能收集齐全1949年以前经典著作的各种译本，按照历史顺序进行编排。对同一译本的不同版本，尽可能收集比较早且完整的版本。对特别重要的片段译文作为附录收入。第二，突出文献性和考证性。力求原汁原味地反映各种经典著作的历史风貌。为此，采取影印形式，将经典著作的文本完整地呈现给读者。同时，要对文本的情况进行适当的考证研究，包括对原著者、译者、该译本依据的原文本、译本翻译出版和传播的情况及其影响等作出科学说明。这些考证研究要有充分的史料根据，经得起历史检验。要力求充分反映国内外有关研究成果，特别是要充分反映我国改革开放以来在经典著作文本、版本研究方面所发现的新文献、取得的新成果。第三，力求权威性和准确性。一方面，所收集的经典著作文本力求具有权威性和准确性。力求收集在当时具有权威性的机构出版的、质量最高的经典译本，避免采用后人翻印的、文字错误较多的文本。另一方面，考证分析所依据的其他文献资料，也力求具有权威性和准确性。要选择国内外在该研究领域最具权威性的专家学者的最具代表性的观点和最有影响力的文章。再者，对文本有关问题的阐述，比如，对人名、地名、术语变化的说明，或对错字、漏字等印刷错误的说明等，要具有权威性和准确性。第四，力求做到史论结合、论从史出。本丛书的主要任务是对经典文本以及相关问题进行历史性的考证梳理，但考证不是目的，而是手段，根本目的还是要深化对马克思主义基本理论和基本观点的全面的、准确的理解，并最终用以指导实践。所以，在考证研究的同时，要始终牢记最终目标，以便从历史文献的分析研究中得出令人信服的科学结论。所以，在每一经典文本的考证说明中，都既要说明经典文本文献的来龙去脉以及考证梳理的情况，又要从中得出若干具有启发性的结论，以帮助读者正确认识经典著作中的有关重要思想，特别是要在统一认识、消除无谓争论上下功夫。这样，该丛书就不仅能够为读者提供原始的经典著作文本文献，还能够为读者进一步研究这些文本提供尽可能丰富的、具有权威性和准确性的相关文献资料，并提供尽可能中肯的观点和方法，从而能够使丛书成为马克思主义典藏的重要组成部分而流芳后世。

基于上述考虑，本丛书采取大致统一的编写框架。除导言外，各个读本均由四个部分组成。一是原著考证部分，其中包括对原著的作者、写作、文本主要内容、文本的出版与传播情况的考证性介绍；二是译本考证部分，包括对译本的译者、翻译过程、译本主要特点、译本的出版和传播情况的考证梳理；三是译文考订部分，包括对译文的质量进行总体评价，对有关重要术语进行比较说明，对错误译文、错误术语或错误印刷进行查考、辨析和校正性说明；四是原译文影印部分，主要收入完整的原著译本，同时作为附录适当收入前人关于该书的片段译文。

　　通过这样的考证研究，力求凸显这套丛书的编辑思路，即对经典著作的文本、版本有一个建立在考据研究基础上的总体性认识。每一本书都要能够回答这样一些问题：如这本书是什么，它在马克思主义发展史上的地位如何，它在世界上的传播情况怎样，它是什么时候传播到中国的；该中文本的译者是谁，译本的版本、传播、影响、收藏情况怎样；该译本中的重要概念是如何演化的，中国人对这些概念的理解过程怎样，对我们今天的理论研究和实践探索特别是对解决今天有关重大理论问题的争论有何启示，等等。这些问题回答好了，就能够帮助读者更深入地理解经典著作中的思想观点，并能够从文本的历史比较、国际比较中把握中国化马克思主义发展的思想历程，从而为进一步深化马克思主义理论研究提供深厚的思想资源和学理支撑。

　　"日月光华，旦复旦兮。"我们是怀着一种迎接中华民族伟大复兴的历史使命感、对马克思主义学术文化的深深敬畏之情来做这项工作的。一是敬畏经典。近百年来，为振兴中华民族，为推进中国思想文化的现代化，无数志士仁人历经千辛万苦把马克思主义真经取回来，并通过翻译研究形成了汗牛充栋的马克思主义经典文献，由此奠定了中国现代文化的典藏基础，为实现中华文化从传统形态向现代形态转化作出了巨大贡献。我们面前的这些文献，正是在马克思主义传播过程中形成的"马藏"中的重要经典文本。拂去历史尘埃，整理、考证和再现这些经典文献的历史原貌，发掘其中的深厚文化意蕴，敬畏之心油然而生。能够通过我们的工作使这些闪耀着历史光芒的典籍和伟大思想更好地传承下去，为中国现代文化体系的建设打下坚实的典藏基础，正是本丛书作者和编者的共同期愿所在。二是敬畏先驱。近百年来，一代又一代翻译家和理论家薪火相传，把马克思主义经典引进中国，特别是在民主革命时期，很多翻译工作是在十分困难和危险的条件下进行的，有不少先辈为此贡献了一生乃至宝贵生命。他们的事迹可歌可泣，他们的艰辛堪比大唐圣僧玄奘西天取经，他们的历史功绩和伟大精神将在历史的天空熠熠生辉！能够通过我们的这项工作，让一代代后人记住这些历史人物和历史故事并将先辈们的宝贵精神传承下去，我们将备感荣幸。三是敬畏责任。面对百年来形成的浩如烟海的马克思主义经典文献需要研究整理，面对百年来一批批可敬可爱的译介者需要研究介绍，面对百年来马克思主义中国化的伟大历程需要梳理继承，我们需要做的工作太多太多。由此，不论是作者还是编者，都不能不对自己所从事的这项工作产生出由衷的敬畏之情。唯有通过努力，精心整理好这些文献，为最终形成完整的中国特色马克思主义典藏体系作一点贡献，为马克思主义学说在中国乃至世界千秋万代薪火相传做一点铺路工作，才能告慰马克思主义经典作家，告慰这些理论先驱和翻译巨匠们！

2018 年是马克思诞辰 200 周年，《共产党宣言》发表 170 周年；2019年是中国先进分子自觉选择马克思主义作为观察中国和世界命运之思想武器 100 周年；2020 年是《共产党宣言》第一个完整的中文译本问世100 周年；2021 年是中国共产党成立 100 周年，这一个个光辉的历史节点展现出马克思主义在中国发展的强大生命力。在这个新时代的新时期，陆续出版大型丛书"马克思主义经典文献传播通考"，对推进马克思主义理论研究和建设工作，有着特殊重要的意义。

需要说明的是，对于经典文本的研究，往往会有仁者见仁、智者见智的情况。所以，尽管我们在组织编写工作中努力体现上述编写思路、原则和精神，书中的观点也不一定都很成熟，不可能与每一位读者的观点完全一致。加之每位作者研究角度不同，水平各异，每一本书的结构、篇章、内容、观点都不尽相同，其权威性也不尽一致，其中很可能有疏漏和错误之处，谨请读者批评指正。

该丛书在设计、编写和出版过程中，得到了各方面的大力支持。清华大学马克思主义学院将这项工作列入重要议事日程，作为该院马克思主义传播史研究中心重大项目，艾四林院长以及各位同事对此项工作给予大力支持。中共中央党史和文献研究院（中央编译局）十分重视对马克思主义传播史的研究，对此项研究给予各个方面的支持。国家出版基金将该丛书列入资助项目，辽宁省委宣传部将此项目列入文化精品扶持项目。辽宁出版集团和辽宁人民出版社在丛书的选题策划和编辑出版中做了大量工作。在编写过程中，中共中央党史和文献研究院（中央编译局）信息资料馆、国家图书馆、上海图书馆、清华大学图书馆、北京大学图书馆、国家博物馆等单位给予鼎力支持。本丛书中汲取了我国学者大量的研究成果。该项目顾问、我国马克思主义理论界德高望重的陈先达教授、赵家祥教授等专家对丛书的编写工作给予热情指导，编委会成员和各位作者为丛书的编写付出了辛勤劳动。

谨在此一并致以衷心的谢意！

杨金海

2019年5月5日于清华大学善斋

目
录

CONTENTS

导　言

　　马克思的《工资、价格和利润》这部著作是马克思主义经典文献，是马克思在《资本论》第一卷出版之前较为全面阐释其政治经济学（或政治经济学批判）相关思想的经典文本。《工资、价格和利润》为马克思的英文作品，其英文标题为"Value，Price and Profit"，"是马克思于1865年6月20日和27日在国际工人协会中央委员会会议上用英语作的报告"①。

　　《工资、价格和利润》作为马克思主义发展史、传播史上的重要文献，对马克思主义政治经济学的发展和传播起到了积极的历史作用。由于马克思用英文写作了这篇文献，并且以相对较短的篇幅（相比于《资本论》等著作）较为全面地阐释了其主要的政治经济学思想，因而在世界范围内产生了广泛的影响。同时，作为一篇论战性的作品，马克思重点反驳了国际工人协会中央委员会委员约翰·韦斯顿的错误观点，即"货币工资水平的普遍提高对工人没有好处"②。这进一步提升了此文献的影响力，因为论战性的作品往往更能吸引人的注意力，让人们真正理解马克思"破"掉错误论点和"立"正确观点的思想过程与逻辑推演。

　　《马克思恩格斯文集》第三卷第22个注释中明确指出："《工资、价格和利润》是马克思的一部重要的政治经济学论著。马克思在这部著作

---

① 《马克思恩格斯文集》第三卷，人民出版社2009年版，第630页。
② 《马克思恩格斯文集》第三卷，人民出版社2009年版，第630页。

中扼要而通俗地阐述了《资本论》中的一些重要原理，说明了剩余价值的形成过程和工资的实质，揭示了资本家对工人进行剥削的秘密。他指出，资本家的本质是追求最大限度的利润，工人阶级必须不断为提高工资和缩短工作日而斗争，才能对资本家的贪欲有所抑制，才能防止自己的地位不断恶化。在深刻论证工人阶级开展经济斗争的必要性和重要性的同时，马克思也指出了经济斗争的局限性，强调要把经济斗争和政治斗争结合起来。他指出，单纯的经济斗争反对的只是结果，而不是产生这种结果的原因。"[1]所以，这部著作绝不仅仅是一篇纯理论作品，它最终是一篇指向实践的行动宣言，最终是号召广大工人阶级不只为提高工资而斗争，更重要的是找到问题的根源，即资本主义剥削制度，并"消灭雇佣劳动制度"[2]。

　　《工资、价格和利润》共分为14个小节。参阅《马克思恩格斯全集》历史考证版第二版[3]，即MEGA2第一部分第二十卷第141—186页可知，第1—6小节都没有加标题，其中第4和第6小节中间并没有标出第5小节。[4]《马克思恩格斯文集》第三卷的第22个注释对此的权威表述为："全文由作者分为十四节。1898年，报告由马克思的女儿爱·马克思-艾威林以《价值、价格和利润》为标题在伦敦发表，并附有爱·艾威林写的序言。引言和前六节在手稿中没有标题，由艾威林加上了标

---

① 《马克思恩格斯文集》第三卷，人民出版社2009年版，第629页。
② 《马克思恩格斯文集》第三卷，人民出版社2009年版，第78页。
③ 《马克思恩格斯全集》历史考证版第二版，以下均简称MEGA2。
④ 可参见MEGA2第一部分第二十卷第158页。现在的版本普遍在The same holds true with wages as with the prices of all other commodities和Reduced to their simplest theoretical expression中间划分小节，即前一句是第4小节结尾，后一句为第5小节开头。

题……这篇报告的德译文发表在1897—1898年《新时代》第16年卷第2册，译者是爱·伯恩施坦，采用的标题是《工资、价格和利润》。"①就这篇文献的题目而言，由于马克思并未给这篇草稿一个正式题目，所以，"价值、价格和利润"和"工资、价格和利润"两个题目都普遍存在，其中英文版部分版本采用"价值、价格和利润"这一题目，MEGA2也采用这一题目；其他大部分版本采用"工资、价格和利润"这一题目。题目上的差异并不影响这篇文献的内容本身，实际上两个题目都能反映该文献的主要内容。两个题目的关键不同在于"工资"和"价值"两个概念的差异。这篇文献主要针对的问题在于约翰·韦斯顿"工人争取工资提高是有害的"这种错误观点，所以，马克思重点论述了"工资"，因此"工资"这一概念在该文献中的地位毋庸置疑，并且马克思在第12节使用了"利润、工资和价格的一般关系"这种概括性的标题，鉴于第13节和第14节重点讨论的是提高工资与革命实践之间的关系，因此，第12节可以被认为是对全文的总结，使用"工资"而不是"价值"具有一定的文本理由。然而，马克思反驳约翰·韦斯顿错误观点的更深层理论意义，在于他为无产阶级建立一套新的政治经济学体系，即马克思主义政治经济学，"价值"在此文献的体系之中居于核心地位，因为马克思重点论述了其劳动价值论和剩余价值论。故而，上述两个题目都可以反映马克思这篇草稿的主题，只是侧重点不一样罢了。

本通考所选取的版本是王学文、何锡麟、王石巍翻译的《价值价

---

① 《马克思恩格斯文集》第三卷，人民出版社2009年版，第630页。

格与利润》，具体版本为生活·读书·新知三联书店所发行的1950年6月第四版。王学文、何锡麟、王石巍的《价值价格与利润》译本最早于1939年由延安解放社出版，被收录于《政治经济学论丛》之中。①

① 《马克思恩格斯文集》第三卷，人民出版社2009年版，第630页。

《工资、价格和利润》原版考释

一、写作及出版背景

1. 直接历史背景

如前文所述,《工资、价格和利润》是一篇论战性的文章。在1865年5月2日和5月23日国际工人协会中央委员会的会议上,约翰·韦斯顿在其发言中表示反对无产阶级争取自身合理权益的斗争,他认为无产阶级争取提高自身工资的行动对他们自己没有任何好处,工联的作用也是有害的。马克思十分反对这种观点。

马克思在1865年5月20日给恩格斯的信中就约翰·韦斯顿的错误观点指出:"今天晚上将举行国际的紧急会议。一个好老头子,老欧文主义者韦斯顿(木匠)曾提出两个论点,他经常在《蜂房》上为这些论点进行辩护:(1)工资率的普遍提高对工人不会有任何好处;(2)由于这一点以及其他原因,工联所起的作用是有害的。这两个论点——在我们的协会中只有他相信——如果被接受,那末,我们就将在这里的工联和现在大陆上流行的罢工疫面前闹大笑话。由于这次会议将允许非委员参加,所以他会得到一个土生土长的英国人的支持,这个人曾经以同样的精神写过一本小册子。人们自然希望我加以反驳。我本来应当为今天晚上的会议准备我的反驳意见，但是我认为更重要的是继续写我的书①，所以我就只好临时去讲一通了。我当然事先知道，两个主要论点是：（1）工资决定商品的价值。（2）如果资本家今天付出的是五先令而不是四先令，那末明天他们就将以五先令而不是四先令出售自己的商品（他们能这样做，是由于需求的增长）。这虽然非常平淡无奇，并且只涉及最表面的现象，但是，要对完全不懂的人把与此有关的一切经济学问题解释清楚，的确不是容易的事。不可能把一门政治经济学课程压缩在一小时之内讲完。但是我将尽力而为。"②

于是，马克思在《工资、价格和利润》一文中对韦斯顿的观点进行了反驳。在写完了这篇文献的草稿之后，1865年6月24日马克思给恩格斯写信说："想知道你对下面的问题的意见：我在中央委员会上宣读了一个报告（大约有两个印张），报告是针对韦斯顿先生所提出的问题：工资的普遍提高会产生什么作用，等等。第一部分是答复韦斯顿的胡说；第二部分是在适合这种场合的限度内所作的理论的论断。现在人们想把这份报告印出来。从一方面看，这也许对我有好处，因为这些人同约·斯·穆勒、比斯利教授、哈里逊等有联系，从另一方面看，我有点犹豫：（1）因为'韦斯顿先生'成为我的反对者并不是一件太值得高兴的事；（2）这个报告的第二部用非常紧凑但又相当通俗的形式叙述了预先从我的书中取出的许多新东西，同时对于许多问题我又不得不只是顺便粗略地提一下。问题是，用这样的方式预先从我的书中拿出东西是否适宜？我想，关于这一点你能比我作出更好的判断，因为你是从安静

①《资本论》——作者注
②《马克思恩格斯全集》第三十一卷，人民出版社1972年版，第124页。

的远方来看问题的。"①

　　当然，马克思并没有真正将这篇文献进行出版，其主要原因在于，当时的马克思正在专注于《资本论》的写作，1865年5月初的时候，他还希望当年9月1日之前能够完成《资本论》的写作。由于《工资、价格和利润》中的内容是对《资本论》中许多重要内容的表述，所以，马克思并不想在《资本论》问世之前将其公之于世。这一方面体现了马克思治学的严谨态度，另一方面恩格斯对此也有自己的看法。在1865年7月15日回马克思6月24日的信中，恩格斯说："我不认为，你在同韦斯顿先生的笔战中会得到很多桂冠，而以此作为英国经济学著作的处女作，当然是不好的。而在其他方面我看不出预先发表你的书中的个别论点有什么特别的害处——当然，如果你现在真正就要完成这本书的话；书写得怎么样了？"②由此可见，恩格斯也不希望这篇论战性质的文章先于《资本论》问世。恩格斯的想法与马克思不谋而合，同时，两位伟大的革命导师实际上也担忧一点，即《工资、价格和利润》如果发表，可能会影响国际工人协会的团结。因此，为了大局考虑，马克思生前并未公开出版这篇文献。

　　对约翰·韦斯顿的人物背景，《马克思恩格斯文集》的"人名索引"之中做了如下介绍："英国工人运动活动家，职业是木匠，后为厂主；欧文主义者，1864年9月28日伦敦圣马丁堂会议的参加者，国际总委员会委员（1864—1872），1865年伦敦代表会议代表，改革同盟执行委员会委员，土地和劳动同盟的领导人，不列颠联合会委员会委员

① 《马克思恩格斯全集》第三十一卷，人民出版社1972年版，第127—128页。
② 《马克思恩格斯全集》第三十一卷，人民出版社1972年版，第131页。

(1872)。"①此外，约翰·韦斯顿还是国际工人协会管理会费等事宜的财务委员②。约翰·韦斯顿的人物背景进一步印证了上述观点，作为国际工人协会的重要一员，如果马克思对他继续针锋相对，的确不利于国际工人协会的内部团结。同时，作为欧文主义者，约翰·韦斯顿的思想必然带有一定的空想性质，在具体实践中缺少真正的革命性。要想真正统一国际工人运动或世界无产阶级革命的思想，只有真正揭露资本主义制度自身的内在矛盾才是唯一的科学途径，而这正是《资本论》的意义所在。因此，马克思和恩格斯生前都没有出版这篇作品。

2. 写作时的社会历史背景

19世纪60年代是人类历史发展过程中的重要阶段。首先，第一次工业革命在欧洲处于尾声，以英国为代表的发达资本主义国家已经完成工业革命。工业革命带来了生产力水平的极大提高，经济快速增长，经济质量不断提升，经济社会获得全面发展。这带来了物质财富的空前丰盈，社会产品的空前丰富。科学技术快速发展，以牛顿力学为代表的自然科学体系极大地推动了技术进步，人类获得强大的认识和改造世界的能力。

其次，科技发展和工业革命得益于资本主义生产方式，同时进一步夯实了资本主义生产方式，资本主义制度在欧洲被确立起来。然而，资本主义制度同以往人类文明制度一样，实质上是一种剥削制度。资本主义表面上宣扬自由和平等，但实质上却以剥削工人剩余价值为赢利的手

---

① 《马克思恩格斯文集》第三卷，人民出版社2009年版，第750页。
② 《马克思恩格斯文集》第三卷，人民出版社2009年版，第119页。

段，以工人为代表的无产阶级生活困苦，而资本家、贵族、地主等阶层则生活奢靡。资本主义生产方式所带来的物质财富并未得到公平分配，社会贫富差距不断扩大。资本主义基本矛盾必然导致经济危机，社会不稳定性因素陡增。

与此同时，伴随着欧美资本主义的发展，世界殖民体系和世界市场确立。资本主义生产方式以殖民地为原料产地、产品倾销市场，并直接从殖民地掠夺物质财富和劳动力。世界市场的确立也导致殖民地生产方式发生根本性改变，资本主义生产方式以不同程度移植到落后地区，落后地区的新旧社会矛盾不断被激化。此外，资本主义国家之间发展不平衡，英法等国较为发达，德国、奥匈帝国、沙俄等国较为落后，加之各方政治博弈、民族统一战争与殖民地争夺，整个世界处于动荡之中。

从反法战争（或拿破仑战争）结束开始，正如《共产党宣言》最开始时所言，欧洲的一切反动势力都联合起来企图扼杀国际工人运动。[1]但是，由于资本主义的发展，伴随上述背景，国际工人运动则迎来了新的高潮。原本看似"铁板一块"的反动势力不断瓦解，工人阶级不断壮大，社会进步力量逐渐统一在一起。1864年国际工人协会即第一国际成立，这是国际工人运动史上的一个重大历史事件。

3. 写作时的思想理论背景

《工资、价格和利润》的直接思想背景是马克思的《资本论》及其手稿写作。从《1844年经济学哲学手稿》开始，马克思一直关注政治经

---

① 《马克思恩格斯文集》第二卷，人民出版社2009年版，第30页。

济学的发展，通过《哲学的贫困》和《雇佣劳动与资本》等著作，马克思不断深化他对于经济现实与政治经济学的认识。随后，通过《1857—1858年经济学手稿》，马克思不断完善自己对于古典政治经济学的批判，并于1859年出版了《政治经济学批判》的第一分册。在《1857—1858年经济学手稿》之中论述了生产、消费、分配、交换（流通）四个环节及其之间的关系，人类社会一般发展的三种形式，资本、货币、绝对剩余价值、相对剩余价值等核心概念。在《〈政治经济学批判〉序言》中，马克思指出，他研究资本主义经济制度所采用的顺序是"资本、土地所有制、雇佣劳动；国家、对外贸易、世界市场"①，并强调其对政治经济学的相关研究是对生产力和生产关系、经济基础与上层建筑之间的辩证关系的证明。②为了进一步完善其政治经济学批判的理论体系，马克思之后完成了《1861—1863年经济学手稿》和《1863—1865年经济学手稿》。这两部手稿蕴含大量内容，充实了马克思政治经济学中的价值、剩余价值、资本积累、利润、资本等概念，完成了马克思政治经济学的基本体系构建。在完成这些手稿之后，马克思一直准备《资本论》第一卷的正式出版工作，这在前文所提到的马克思与恩格斯之间的信件内容中可以得到证实。因此，《资本论》的写作及其手稿是马克思写作《工资、价格和利润》的直接思想背景。

　　价值是《工资、价格和利润》这篇文献中的核心概念，也是英国古典政治经济学的核心概念。价值概念在英国古典政治经济学范式之中与劳动价值论密切相关，成为劳动价值论的"灵魂"。马克思在《工资、

---

　　①《马克思恩格斯文集》第二卷，人民出版社2009年版，第588页。

　　②《马克思恩格斯文集》第二卷，人民出版社2009年版，第591页。

价格和利润》中的理论基础就是他在批判英国古典政治经济学劳动价值论基础之上，所创造的马克思主义政治经济学的劳动价值论。所以，劳动价值论范式是《工资、价格和利润》的思想背景之一。威廉·配第是劳动价值论的创造者①，其名言"劳动是财富之父，土地是财富之母"影响深远。一般认为，配第"最早提出了劳动价值论的一些基本命题，分析了'自然价格'、'政治价格'和'真正的市场价格'等概念，并试图解释它们之间的关系"②。配第并没有真正区分价值、使用价值和价格等概念。著名经验主义哲学家约翰·洛克进一步重申了配第的相关思想并直接指出："在绝大多数的东西中，百分之九十九全然要归之于劳动。"③但是，"洛克所分析的创造价值的劳动，是指具体劳动，而不是配第所讲的决定价值量的等量劳动时间，所以，洛克的观点与配第的主张相比，是一种后退"④。

亚当·斯密真正完成了劳动价值论的基本理论体系。斯密直接区分了交换价值与使用价值："价值一词有两个不同的意义。它有时表示特定物品的效用，有时又表示由于占有某物而取得的对他种货物的购买力。前者可叫作使用价值，后者可叫作交换价值。"⑤同时，他认为劳动

---

① 实际上，亚里士多德早在两千多年前就已经注意到区分使用价值与交换价值。对此，马克思在《资本论》中有不少论述，对此可参见《马克思恩格斯文集》第五卷，人民出版社2009年版，第74—75、104页。约瑟夫·熊彼特也指出："亚里士多德不仅像后来的经济学家那样清楚地区分了使用价值与交换价值，而且他还看出交换价值似乎是从使用价值派生出来的。"（[美]约瑟夫·熊彼特：《经济分析史》第一卷，商务印书馆1996年版，第101页。）

② 邱丽华：《劳动价值论的历史与现实研究》，经济科学出版社2007年版，第2页。

③ [英]约翰·洛克：《政府论》下篇，瞿菊农、叶启芳译，商务印书馆2004年版，第27页。

④ 邱丽华：《劳动价值论的历史与现实研究》，经济科学出版社2007年版，第6页。

⑤ [英]亚当·斯密：《国民财富的性质和原因的研究》上卷，郭大力、王亚南译，商务印书馆1972年版，第26页。

时间决定商品的价值量①。不过，除此之外，斯密在价值问题上却没有真正坚持劳动创造价值的观点，反而认为"工资、利润和地租，是一切收入和一切可交换价值的三个根本源泉"②。这一观点深刻影响了后世，以至于约翰·韦斯顿的观点都与之有些许关联，对此，马克思在《工资、价格和利润》中予以深刻批判。一定程度上可以说，马克思在《工资、价格和利润》之中的直接理论对手是约翰·韦斯顿，实际上的理论对手是以斯密为代表的古典政治经济学家，而这也正是政治经济学批判的意义所在。不过，需要特别指出的是，斯密对价值源泉的这种三元结构直接触及了其价格理论。众所周知，斯密所说的价值也可以被理解为他的"自然价格"，而一般人所言的价格是他的"市场价格"。"市场价格"以"自然价格"为基础上下波动。显然，以劳动价值论为基础，斯密构造了他的价值与价格理论，成为价值规律的雏形。大卫·李嘉图批判地继承了斯密的劳动价值论，他认同劳动决定价值，即劳动时间的多少构成价值量的大小，但是，斯密的价值源泉的三元结构应当抛弃，因为工资、利润和地租只是对这些价值的分配，价值是原因而不是结果③。基于劳动价值论，斯密与李嘉图在工资问题上，都坚持工资是劳动者劳动的合理报酬。

马克思在批判继承了斯密、李嘉图等古典政治经济学家的基础上，区分了价值与使用价值、价值与交换价值之间的关系，指明了抽象劳动

①〔英〕亚当·斯密：《国民财富的性质和原因的研究》上卷，郭大力、王亚南译，商务印书馆1972年版，第42页。

②〔英〕亚当·斯密：《国民财富的性质和原因的研究》上卷，郭大力、王亚南译，商务印书馆1972年版，第47页。

③ 邰丽华：《劳动价值论的历史与现实研究》，经济科学出版社2007年版，第18—19页。

和具体劳动、价值和使用价值之间的关系，并创造性地发现了"劳动力价值"这一关键性概念，在劳动价值论基础之上发展出了剩余价值理论，构建了以剩余价值理论为核心的政治经济学批判体系，以资本主义的具体经济发展论证了历史唯物主义的基本原理。《工资、价格和利润》正是对此思想历程的集中表达。

4. 出版时的社会历史背景

1898年《工资、价格和利润》第一次公开出版，相比于马克思写作《工资、价格和利润》的时候，社会发生了更加深刻而巨大的变化。首先，资本主义进一步得到发展，这主要是因为科学技术的发展和资本主义制度在欧美全面确立。其突出表现是第二次工业革命正如火如荼地进行。相比于第一次工业革命，第二次工业革命以石油、电气、内燃机等能源、工具的使用为标志，相比于煤炭与蒸汽机，这些生产资料推动了生产力发展水平发生质变。时至今日，人类工业文明所使用的技术、基本的工业门类等都是第二次工业革命所奠定的。第二次工业革命的工业部门比第一次工业革命时更加庞大、复杂，以重工业为代表，机器得到更大范围的使用。资本主义由自由竞争阶段转向垄断资本主义阶段，垄断组织逐渐控制资本主义的生产。金融资本逐渐成为资本主义的"指挥官"，它利用资本主义现代企业制度，通过各种方式控制产业资本，并与之结合在一起。

其次，垄断资本主义的发展也带来了资本主义世界体系的新变化。世界资本主义体系形成，全球市场、殖民地被主要资本主义国家瓜分完毕。然而，资本主义世界体系并不平衡。以德国（完成统一）、美国为代表的新兴资本主义国家主导了第二次工业革命，却不像英法等老牌资本主义国家那样拥有众多殖民地。美国国土面积大、人口多、资源丰富，并且拥有美洲作为自己的势力范围；但相比于美国，德国国土面积小、人口少、资源比较匮乏（尤其是石油）。于是，新兴资本主义国家迫切需要争夺更多殖民地，以获得更多原料产地、产品倾销市场。沙俄资本主义发展水平远远落后于西欧和美国，封建残余势力强大，国内各种矛盾复杂。主要资本主义国家之间矛盾空前激化，并不断帝国主义化，世界逐渐处于世界大战的边缘。

与上述状况相一致的是，整个世界的劳动者们处于更严重的被压迫之中。垄断资本主义带来了更大的贫富差距，而机器在更大范围内的使用也容易导致工人失业，使之成为贫穷的"产业后备军"。资本主义基本矛盾所导致的资本主义经济危机，也因为资本主义世界体系被传导至更广阔的范围之中。资本主义世界体系是有层级的，处于底端的殖民地、半殖民地劳动人民的生存生活处境更为艰苦。世界财富集中于资本主义国家的资本家、贵族和地主手中。

面对上述状况，在巴黎公社失败之后，马克思、恩格斯等无产阶级革命家继续领导国际工人运动，并深化了对无产阶级专政等理论的认识。受马克思主义的影响，各主要资本主义国家相继产生了无产阶级政党，并投入新的国际工人运动之中。马克思去世之后，恩格斯成为国际工人运动和无产阶级革命实际上的领袖。1889年社会主义国际即第二国际成立，国际工人运动呈现出新局面。

5. 出版时的思想理论背景

当1898年《工资、价格和利润》第一次公开出版的时候，马克思主义在全世界得到了深入传播，马克思主义政治经济学体系逐渐深入人心，并成为无产阶级进行革命实践与争取自身合法权益的理论指引。作为理论与实践相统一的马克思主义理论从来都是具有鲜活生命力的，面对每一次新的实践变化都会做出相应理论上的回应与自我革新。19世纪末，伴随着马克思主义在理论与实践上的不断成功，在哲学上受到马赫主义等思潮的挑战，但是，经济学领域中的挑战更为直接。实际上，早在马克思写作《工资、价格和利润》的时代，威廉·杰文斯在1862年就在"英国科学促进会剑桥会议第五组上宣读了《政治经济学的一般数学理论评介》这篇论文"[1]，提出了"最后一级效用"这一概念[2]。这一般被认为是经济学史上"边际革命"的开端。随后的三十余年，以威廉·杰文斯、卡尔·门格尔和莱昂·瓦尔拉为代表的经济学家将之推向高潮。受此冲击，以英国古典政治经济学劳动价值论为代表的价值理论受到资本主义经济学界颠覆，他们开始否定价值与使用价值的二元划分，提倡以主观价值理论代替劳动价值论。奥地利学派第二代掌门人欧根·冯·庞巴维克在《工资、价格和利润》首次公开出版的1898年出版了《卡尔·马克思及其理论体系的终结》一书的英译本，该书德文版于恩

---

① [美] 约瑟夫·熊彼特：《经济分析史》第三卷，朱泱、易梦虹等译，商务印书馆1994年版，第113页。

② [美] 约瑟夫·熊彼特：《经济分析史》第三卷，朱泱、易梦虹等译，商务印书馆1994年版，第112页。

格斯去世之后的 1896 年首次出版。

受各种社会思潮的影响,国际工人运动和第二国际思想也逐渐呈现出多元化倾向,为马克思主义辩护的观点和主张修正马克思主义的观点针锋相对。所以,1898 年爱·马克思-艾威林夫妇决定出版《工资、价格和利润》,这对于进一步阐释马克思主义经典理论、统一国际工人运动和第二国际思想具有重要意义。

二、各译本说明

《工资、价格和利润》作为一篇与错误观点斗争的战斗檄文,其篇幅与《共产党宣言》相仿,观点明确,概括性强。因此,一经公开出版,就产生了重要的影响。这突出表现在该文献具有众多译本。

对于《工资、价格和利润》各译本的相关情况,中央编译出版社出版的《马克思主义经典著作研究读本》①第三批出版了《马克思〈工资、价格和利润〉研究读本》②,该读本详细考证与介绍了《工资、价格和利润》的各个译本情况,为国内权威研究。现主要参考该读本并结合《马克思恩格斯全集》中文第二版和《马克思恩格斯文集》等相关文献,将《工资、价格和利润》各个主要版本进行汇总。由于《工资、价格和利润》为英文写作,所以下面的版本汇总将不包括该文献的英文版本③。

① 主编为杨金海、李惠斌。
② 史清竹:《马克思〈工资、价格和利润〉研究读本》,中央编译出版社 2017 年版,第 30 页。
③ 对英文版的《工资、价格和利润》的统计,可参见史清竹:《马克思〈工资、价格和利润〉研究读本》,中央编译出版社 2017 年版,第 16—21、25 页。

《工资、价格和利润》的重要外文版译本

语言	出版年份	出版社或来源	说明
德文	1897—1898 年	《新时代》第十六年卷第二册	由爱·伯恩施坦翻译，由英文版翻译为德文，这是《工资、价格和利润》的第一个德文版。伯恩施坦所采用的标题是"工资、价格和利润"，这是这一标题第一次出现，后来成为较为通用的标题。
俄文	1947 年	莫斯科国营政治学图书局	标题为"工资、价格与利润"
德文	1974 年	中国外文出版社	标题为"工资、价格与利润"
俄文	1975 年	中国外文出版社	标题为"工资、价格与利润"
法文	1966 年	中国外文出版社	标题为"工资、价格与利润"

《工资、价格和利润》的主要中文版译本

语言	出版年份	出版社或来源	说明
繁体汉字	1922 年	商务印书馆	译者为李季，校对者为陶孟和。该译本为第一个中文单行本全译本，标题为"价值、价格和利润"。
繁体汉字	1929 年	上海泰东书局	译者为朱应祺和朱应会，由德文版翻译，标题为"工资价格及利润"。
繁体汉字	1939 年	延安解放社，收录于《政治经济学论丛》之中。	译者为王学文、何锡麟、王石巍，是中国共产党领导和组织编译的第一个版本，编译自英文版，标题为"价值价格与利润"。
繁体汉字	1949 年	世界文化出版社	译者为朱应祺，1929 年上海泰东书局版本的再版，标题仍然为"工资价格及利润"。

续表

语言	出版年份	出版社或来源	说明
繁体汉字	1949年、1950年、1953年	生活·读书·新知三联书店	译者为王学文、何锡麟、王石巍。1949年7月第一版，1950年6月已经出第四版，1953年12月第五次印刷，标题为"价值价格与利润"。
繁体汉字	1964年	人民出版社	中央编译局译本的单行本，标题为"工资、价格和利润"。这一版本印刷过多次。
繁体汉字	1964年	人民出版社	中央编译局译本的单行本，为16开大字版，标题为"工资、价格和利润"。
繁体汉字	1964年	人民出版社	中央编译局编译《马克思恩格斯全集》中文第一版第十六卷收录，收录范围：第111—169页，标题为"工资、价格和利润"。
繁体汉字	1965年	人民出版社	中央编译局译本的单行本精装本，标题为"工资、价格和利润"。
简体汉字	1971年	人民出版社	中央编译局译本的单行本，为16开大字版，标题为"工资、价格和利润"。
简体汉字	1972年	人民出版社	中央编译局译本的单行本精装本，标题为"工资、价格和利润"。
简体汉字	1972年	人民出版社	中央编译局编译《马克思恩格斯选集》中文第一版第二卷收录，收录范围：第149—204页，标题为"工资、价格和利润"。

续表

语言	出版年份	出版社或来源	说明
简体汉字	1995年	人民出版社	中央编译局编译《马克思恩格斯选集》中文第二版第二卷收录，收录范围：第47—98页，标题为"工资、价格和利润"。
简体汉字	2003年	人民出版社	中央编译局编译《马克思恩格斯全集》中文第二版第二十一卷收录，收录范围：第155—212页，标题为"工资、价格和利润"。
简体汉字	2009年	人民出版社	中央编译局编译《马克思恩格斯文集》第三卷收录，收录范围：第25—78页，标题为"工资、价格和利润"。
简体汉字	2012年	人民出版社	中央编译局编译《马克思恩格斯选集》中文第三版第二卷收录，收录范围：第17—69页，标题为"工资、价格和利润"。

三、内容简介

正式出版的《工资、价格和利润》总共有14个小节，加上引言共15部分内容，其中14个小节的标题分别为："生产和工资""生产、工资、利润""工资和通货""供给和需要""工资和价格""价值和劳动""劳动力""剩余价值的生产""劳动的价值""利润是按照商品的价值出卖商品获得的""剩余价值所分解成的各个部分""利润、工资与价格的一般关系""争取提高工资或反对降低工资的几个主要场合""资本和劳动的斗争及其结果"。

马克思在《工资、价格和利润》的引言中就指出了约翰·韦斯顿的观点理论上的错误，实践中的危险①。就此，马克思从三大部分展开自己的这篇文献。其中第1至第5小节为马克思对约翰·韦斯顿观点的直接反驳，即"破题"；第6至第12小节是马克思基于劳动价值论和剩余价值论对价值、价格、利润的科学观点，即"立言"；最后两小节是马克思对工人争取提高工资的号召，最终将理论与实践结合在一起，鼓励无产阶级突破提高工资斗争的局限性，最终消灭资本主义雇佣劳动制度本身。下面分别就此三部分进行简要概括。

第一部分：马克思首先在"生产和工资"一节中明确指出，约翰·韦斯顿的论证前提基于两种错误认识，即国民产品量固定不变和实际工资总额固定不变。因为生产力水平是不断提升的，国民产品量和实际工资总额一直处于变化之中。即使退一步讲，认为国民产品量是一个常数，但是这一常数在内部分配时的相对量也是可以变化的，无非是工资提高，利润下降，或者工资减少，利润增加。由国民产品量固定不变推不出工资不变的结论。随后，马克思在"生产、工资、利润"一节进一步批判了约翰·韦斯顿的错误观点。他直接指出，"工资水平的普遍提高，终究不会引起任何别的后果，只会引起利润率的普遍下降"②。约翰·韦斯顿不明白，随着生产力水平的不断提升，在供给侧主导经济发展的时候，由于工资水平提升所导致的资本家利润的减少，并不会从根本上导致工人生活必需品价格的增长。从整体上看，经济系统各部门之

---

①《马克思恩格斯文集》第三卷，人民出版社2009年版，第25页。
②《马克思恩格斯文集》第三卷，人民出版社2009年版，第32页。

间即使会因为工人工资的增加而失去短暂的平衡，但是，供给与需求之间会重新均衡，"需求的提高引起供给的增加，而最终不会引起市场价格的上涨"①。显然，约翰·韦斯顿连老穆勒和萨伊的古典均衡理论都不理解。在这一节，马克思使用了翔实的经济数据证明自己的结论。鉴于约翰·韦斯顿以通货问题来为自己的观点进一步辩护，马克思在"工资和通货"一节明确批判道"这个通货问题和我们面临的问题毫无关系"②。通货只要增加其流通效率，就不会带来工资增加带来的通货减少。马克思同样运用历史数据佐证自己的观点。在"供给和需要"一节，马克思批判约翰·韦斯顿不谈"标准"而直接分析工资提高或降低的做法是错误的。同时，他还指出，"劳动和任何一种商品的价值归根到底是由供给和需求决定的，那就完全错了"③。他在第二部分将进一步分析这一结论。在此部分的最后，马克思认为，约翰·韦斯顿的错误观点实际上是这样一个教条："商品的价格是由工资决定或调节的。"④而实际上这一教条的实质是"价值是由价值决定的"⑤这一同语反复。因此，这一教条实际上仍是前文中所提到的斯密劳动价值论的二元结构所带来的悖论。

　　第二部分：这一部分是《工资、价格和利润》的核心。马克思使用了两年后出版的《资本论》第一卷和《1861—1863年经济学手稿》

---

①《马克思恩格斯文集》第三卷，人民出版社2009年版，第36页。

②《马克思恩格斯文集》第三卷，人民出版社2009年版，第37页。

③《马克思恩格斯文集》第三卷，人民出版社2009年版，第42页。需要指出的是，虽然第4节爱·马克思-艾威林起的标题是"供给与需要"，但实际上第2节同样谈论了供给和需要之间的关系，只是这一节更加侧重于劳动力的供给与需要问题。

④《马克思恩格斯文集》第三卷，人民出版社2009年版，第43页。

⑤《马克思恩格斯文集》第三卷，人民出版社2009年版，第45页。

《1863—1865年经济学手稿》中的核心思想，也就是说，《资本论》三卷的核心性内容可以在这一部分找到直接关联。在"价值和劳动"一节之中，马克思直接对第一部分的内容做了理论上的引申。他系统地论证了价值这一概念："我们如果把商品看做是价值，我们是只把它们看做体现了的、凝固了的或所谓结晶了的社会劳动……各个商品的相对价值，是由耗费于、体现于、凝固于该商品中的相应的劳动数量或劳动量决定的。"①并且，"商品的价值与生产这些商品所耗费的劳动时间成正比，而与所耗费的劳动的生产力成反比……价格本身不过是价值的货币表现"②。所以，工资实际上绝不是价值的原因或源泉，而是价值的结果。这直接回应了第一部分中的相关问题。正如阿尔都塞等人所指出的那样，劳动力或劳动力价值是马克思的原创性发现，在马克思主义政治经济学体系里面具有核心性作用。在"劳动力"一节之中，马克思通过分析指出，劳动的价值是个伪概念，作为价值实体，劳动力价值实际上同样是"价值是价值"的同语反复，所以，没有劳动的价值，有的是劳动力价值。劳动力价值同样是由生产它的必要劳动量所决定的，"是由生产、发展、维持和延续劳动力所必需的生活必需品的价值决定的"③。发现了劳动力价值之后，马克思在"剩余价值的生产"一节中直接提出了"剩余价值"这一概念，即劳动力的价值并没有真正被等价交换，与其劳动力价值或工资等价的产品生产时间短于劳动者的工作时间，资本家尽最大可能让劳动者延长其工作时间。在这一被延长的时间

---

① 《马克思恩格斯文集》第三卷，人民出版社2009年版，第47页。
② 《马克思恩格斯文集》第三卷，人民出版社2009年版，第51页。
③ 《马克思恩格斯文集》第三卷，人民出版社2009年版，第56页。

里面，劳动者实际上是给资本家白白劳动，为其生产剩余价值或剩余产品。就此问题，马克思在"劳动的价值"一节中做了强调。在他看来，资本主义雇佣劳动制度与奴隶制度、封建制度一样都是剥削制度，统治阶级都是通过占有劳动者或被统治阶级剩余产品的方式获利。在"利润是按照商品的价值出卖商品获得的"一节，马克思在劳动价值论和剩余价值论的基础上得出结论，资本家的利润就是剩余价值，这一部分价值的获得基于商品被卖出，即产品被交换出去。随之，在"剩余价值所分解成的各个部分"一节，马克思重点分析了剩余价值的分配问题，即剩余价值或利润被经营资本家直接获得，然后又与放债资本家和土地所有者一起"分享"。在这一节，马克思依然重点回应和批判了斯密的价值来源二元结论。马克思坚持价值一元论，特别强调是剩余价值被分解为产业利润、利息和地租，而不能说这三部分反过来构成剩余价值。显然，这是一个因果问题，剩余价值是因，这三部分是果，而不是相反。在"利润、工资与价格的一般关系"一节，马克思对三者关系做了最后的理论总结，即生产力的发展水平决定价值量的变化，价值决定价格。

　　第三部分：这一部分是在前面两部分基础之上的实践拓展。在"争取提高工资或反对降低工资的几个主要场合"一节中，马克思分析了生产率的变化、货币价值的变化、工作日长短与劳动强度的变化、经济周期四大类经济变化对工人工资的影响。无论哪种情形，工人都应当争取提高自己的工资或反对降低自己的工资。最后，在"资本和劳动的斗争及其结果"一节，马克思指出，资本与劳动之间的斗争"归根到底，这是斗争双方力量对比的问题"①。而随着生产力水平的发展，尤其是机器的使用，资本有机构成不断提高，最终，资本主义将不利于工人生存与生活。因此，资本主义雇佣劳动制度必须被推翻，工人不能局限于仅仅提高自己的工资。

《工资、价格和利润》的最后是马克思起草的国际工人协会决议案，共三点：第一，工资的提高只会降低利润率，并不会影响商品价格；第二，资本主义生产的趋势是降低工资水平；第三，无产阶级应联合起来推翻雇佣劳动制度。

---

① 《马克思恩格斯文集》第三卷，人民出版社2009年版，第75页。

《工资、价格和利润》王学文、何锡麟、王石巍译本考释

一、译介背景

王学文、何锡麟、王石巍的《价值价格与利润》译本最早于1939年由延安解放社出版，被收录于《政治经济学论丛》之中①。随后，生活·读书·新知三联书店于1949年7月出版了第一版单行本，到1950年6月已有四版，"1953年12月由人民出版社仍以三联书店名义出版"②。

20世纪30年代末至50年代初是中国近现代历史上极为关键的时期，基本上涵盖了抗日战争、解放战争、新中国成立至社会主义"三大改造"前期的历史。这一时期从总体上是中国共产党领导中国人民取得新民主主义革命胜利的历史。从九一八事变开始，中国人民进行了十四年抗日战争，1937年七七事变之后，中国进入全面抗战时期。1939年的中国正处于中国人民抵抗日本帝国主义疯狂侵略的时期。1938年，广州与武汉失守，抗战进入战略相持阶段。1939年，汪精卫叛国投降日本并随后建立傀儡政权，中国人民的抗战受到挫折。同时，在国际上，1939年德国入侵波兰，第二次世界大战全面爆发。1939年成为世界法西斯主义横行的一年。但是，以中国共产党人为代表的进步力量与全国人民一起，开展了积极的反侵略斗争。中国共产党领导的武装力量深入敌后，开展了适应中国国情的武装斗争。中国共产党坚持马克思主义以人民为

---

① 《马克思恩格斯文集》第三卷，人民出版社2009年版，第630页。
② 史清竹：《马克思〈工资、价格和利润〉研究读本》，中央编译出版社2017年版，第30页。

中心的斗争理念，依靠广大人民群众，将反抗日本帝国主义侵略融入新民主主义革命之中。最终，在全国人民和国内爱国力量的一起努力下，中国人民取得了抗日战争的伟大胜利。

中国共产党高度重视对马克思主义经典文献的研究和编译工作。毛泽东在全面抗战爆发后的第二年，即1938年指出："一切有相当研究能力的共产党员，都要研究马克思、恩格斯、列宁、斯大林的理论，都要研究我们民族的历史，都要研究当前运动的情况和趋势；并经过他们去教育那些文化水准较低的党员。特殊地说，干部应当着重地研究这些，中央委员和高级干部尤其应当加紧研究。指导一个伟大的革命运动的政党，如果没有革命理论，没有历史知识，没有对于实际运动的深刻的了解，要取得胜利是不可能的。马克思、恩格斯、列宁、斯大林的理论，是'放之四海而皆准'的理论。不应当把他们的理论当作教条看待，而应当看作行动的指南。不应当只是学习马克思列宁主义的词句，而应当把它当成革命的科学来学习。不但应当了解马克思、恩格斯、列宁、斯大林他们研究广泛的真实生活和革命经验所得出的关于一般规律的结论，而且应当学习他们观察问题和解决问题的立场和方法……来一个全党的学习竞赛，看谁真正地学到了一点东西，看谁学的更多一点，更好一点。"①毛泽东在延安期间率先示范，将马克思主义基本原理与中国国情相结合，写出了《实践论》《矛盾论》和《论持久战》等马克思主义中国化经典文献，也是马克思主义经典文献。中国共产党在此过程之中，组织人员翻译和介绍了大批马克思主义经典著作，《工资、价格和

---

① 《毛泽东选集》第二卷，人民出版社1991年版，第532—533页。

利润》就是其中重要的一部作品。在"整风运动"开展之前，中国共产党党内思想尚未完全一致。马克思在《工资、价格和利润》中指出，无产阶级的斗争不应满足于在剥削制度中争取自身合法权益，而应消灭剥削制度本身。这一思想无疑对于统一党内思想，增强对抗侵略者的信心与坚持新民主主义革命具有促进作用。同时，以《工资、价格和利润》为代表的马克思主义经典著作的编译出版，推动了马克思主义大众化和中国化的进程。

1949 年 7 月，中国人民解放军已经取得了三大战役和渡江战役的胜利，中国人民的解放战争取得了决定性胜利。1949 年 10 月 1 日中华人民共和国成立，中国共产党带领中国人民取得了新民主主义革命的伟大胜利。新中国的成立、新民主主义革命的胜利是马克思主义的胜利，是马克思主义与中国具体国情相结合的成果毛泽东思想的胜利。因此，1947 年 7 月继续出版王学文、何锡麟、王石巍的《价值价格与利润》译本具有重要意义，有利于进一步促进马克思主义经典理论的传播，以马克思主义的科学理论解放全国人民的思想。

新中国成立之后，中国是新民主主义国家，而中国共产党无产阶级政党的性质，决定了它必须坚持继续革命，将中国建设成为社会主义国家，并最终实现共产主义的最高目标。新中国成立之后，除了继续解放剩余国土之外，中国人民志愿军进行了抗美援朝战争，保家卫国，极大提升了新中国的国际地位。在此过程之中，中国共产党将主要精力投入领导全国人民扫除封建制度残余、帝国主义残余、大资本残余的社会变革之中，将中国社会的生产关系转变为由工人阶级、农民阶级、民族资产阶级占有生产资料。随着马克思主义的进一步传播和中国生产力发展的进一步要求，全国人民期待建立社会主义制度。1953年6月，毛泽东代表中共中央完整地提出了过渡时期的总路线。此后，"三大改造"全面展开。在此过程中，1953年底人民出版社以三联书店的名义再次出版王学文、何锡麟、王石巍的《价值价格与利润》译本，对全面深化中国人民对马克思主义的认识，赞同和理解"三大改造"与建立社会主义制度具有积极的理论与实践意义。

二、译者介绍

王学文、何锡麟、王石巍在中国共产党所领导的马克思主义经典理论著作编译史和传播史中做出了突出贡献，同时，他们还在自己的学术领域做出了重要贡献。他们的名字将永远镌刻于马克思主义编译史和传播史的丰碑之上，他们的工作将激励一代又一代人投身于马克思主义编译与传播这一伟大的事业之中。

1. 王学文

王学文，1895年出生，1985年逝世，江苏徐州人，"原名王寿椿，号首春。笔名王昂、念先、思锦、汪思锦、汪铁峰、王秋心、惟名、黄华、黄源等"[1]。他是我国著名的经济学家、教育学家，曾长期斗争在隐蔽战线第一线。

他于1910年至1927年长期在日本留学，先后在同文书院、京都帝

---

[1] 张卓元等主编：《中国百名经济学家理论贡献精要》第一卷，中国时代经济出版社2010年版，第1页。

王学文

国大学（现京都大学）求学，研习经济学。在日本留学期间，他系统学习了马克思主义政治经济学，日本著名马克思主义经济学家河上肇是他的导师。随后，他投身于对马克思主义经济学的研究工作之中。1927年6月，王学文在武汉加入中国共产党。大革命的胜利果实被窃取之后，他奔赴当时日本侵占时期的台湾从事地下工作。1928年他回到上海，开始参加各种爱国运动，加入如"中国自由运动大同盟"、"中国社会科学家联盟"和"中国社会科学研究会"①等爱国组织。他于"1932年调到江苏省委宣传部工作，在杨尚昆、陈潭秋同志领导下，主持兴办训练班，讲授马克思主义，传播革命真理。1933年春以后在上海坚持党的地下工作"②。

1937年春天，他由上海来到革命圣地延安，先后在中央党校和马列学院承担重要工作，在马列学院担任副院长。在此期间，他与何锡麟、王实味一起合作翻译了许多马克思主义经典著作，编译出版了《政治经济学论丛》《〈资本论〉提纲》等重要文献。

20世纪40年代之后，他继续在延安、解放区工作，先后担任中央党校研究室主任、华北财经学院院长，在中央宣传部、华北财经办事处

---

① 张卓元等主编：《中国百名经济学家理论贡献精要》第一卷，中国时代经济出版社2010年版，第1页。

② 张卓元等主编：《中国百名经济学家理论贡献精要》第一卷，中国时代经济出版社2010年版，第1页。

参与重要事务，并参加了中国共产党第七次全国代表大会。在此期间，他积极参与财经工作，为革命根据地和解放区的经济工作做出了重要贡献。

新中国成立之后，王学文主要从事马克思主义政治经济学的研究与教学工作，重点研究了《资本论》，尤其是于"1959 年 11 月，他和薛暮桥参加刘少奇同志在海南岛举办的《苏联政治经济学教科书》读书会，王学文同志的发言侧重讲尊重客观经济运动规律及社会主义初级阶段的过渡性和复杂性"[①]。"文化大革命"期间，王学文受到迫害，中共十一届三中全会之后，他重新工作，重点宣传马克思主义政治经济学。他是第一届全国政协委员，第一、四届全国人大代表，第二、三届全国政协委员，第四、五届全国政协常委，还担任过中国社会科学院哲学社会科学部委员，中国科学院经济组专门委员、经济研究所学术委员兼研究员，教育部政治经济学教学委员会主任委员，中国《资本论》研究会名誉会长及中国经济学团体联合会顾问等职[②]。

2. 何锡麟

何锡麟，1915 年出生，2013 年逝世，河南濮阳人，生于天津。他是我国著名的翻译家、教育家，长期担任中央编译局顾问。

他 18 岁考入燕京大学社会学系，后转入东吴大学社会学系和北京大

[①] 张卓元等主编：《中国百名经济学家理论贡献精要》第一卷，中国时代经济出版社 2010 年版，第 2 页。毛泽东也于这一时期组织了"《苏联政治经济学教科书》读书会"，形成了对社会主义经济工作的许多重要思想。毛泽东从多个方面批判了《苏联政治经济学教科书》中的诸多不足。

[②] 张卓元等主编：《中国百名经济学家理论贡献精要》第一卷，中国时代经济出版社 2010 年版，第 3 页。

何锡麟

学经济学系。他于 1936 年 1 月加入中国共产党，先后担任北平社联书记兼社联党团书记、北平文总组织部部长兼文总党团成员、中共北平市委文委会委员、北平学委会干事会主席①。

1938 年春天他来到延安，加入马列学院编译部，成为其中重要成员，先后与王学文、王实味一起翻译了《政治经济学论丛》，与王学文合作翻译了《〈资本论〉提纲》等重要文献，产生了广泛的影响。他积极投身于《列宁选集》的翻译工作，翻译了多本《列宁选集》，为传播和研究马克思主义做出了重要贡献。随后，他在中央宣传部、中央外事组从事宣传、研究与翻译工作。

1946 年之后，投身于党和国家的高等教育工作中。先后担任吉林大学教育长兼文法学院院长、吉林民主学院教育长、东北师范大学党委书记、北京师范大学党委书记兼第一副校长、南开大学党委副书记兼副校长等职务。

何锡麟高度重视马克思主义经典文献的编译工作，积极推动《马克思恩格斯全集》和《列宁全集》的编译工作。他逝世之后得到了高度评价："作为一名具有 70 多年党龄的老党员，何锡麟同志大公无私、清正廉洁、淡泊名利、严于律己……他用行动诠释了对党和人民的无限忠诚，为我们树立了光辉的榜样。在长期的革命和建设岁月中，何锡麟同

① 林煌天主编：《中国翻译词典》，湖北教育出版社 1997 年版，第 278 页。

志忠诚于党和人民，始终如一地坚守共产党员的高尚情操，践行全心全意为人民服务的宗旨，在党的思想理论战线和教育战线上无私奉献，努力工作，作出了重要贡献。"①

3. 王石巍

王石巍，即王实味，"本名为王思韦……王实味是他常用的笔名"②，"原名叔翰，笔名石味，实微等"③，河南信阳人。他是中国近现代史上的著名作家和翻译家。

王实味出生于一个家境没落的读书人家庭，父亲曾任山东巡抚胡廷干的幕僚、济南师范学堂监学、潢川县屠宰局局长、县救济院院长、县政委员兼修志馆主撰，晚年任弋阳高中教职④。因此，王实味从小就受过良好的教育，尤其是传统文化教育。伴随着新文化运动和新民主主义革命的到来，王实味开始接受新思潮，1923年王实味考取河南省留学欧美预备学校，求学开封。1925年考入北京大学文院预科⑤。在北京大学期间，王实味作为进步青年加入了中国共产党，但是，因为个人感情问题而负气脱离党组织。

王实味在20世纪20年代之后，将主要精力投入新文学的创作之中，相继发表了《休息》《陈老四的故事》等作品。此外，王实味还热

---

①《何锡麟同志遗体送别仪式在八宝山革命公墓举行》，中国共产党新闻网，2013年8月15日，网址链接：http://cpc.people.com.cn/n/2013/0815/c87393-22579629-2.html。

② 刘卫东主编：《河南大学百年人物志》，河南大学出版社2012年版，第184页。

③ 姚铁璜主编：《中共信阳党史人物录》，中共信阳市委党史地方志研究室1999年版，第191页。

④ 杜忠明：《延安文艺座谈会纪实》，中央文献出版社2012年版，第239页。

⑤ 杜忠明：《延安文艺座谈会纪实》，中央文献出版社2012年版，第239页。

衷于翻译国外文学作品，他不仅具有比较扎实的文学功底，而且翻译水平也堪称上乘，在创作小说之余，王实味还曾翻译都德、奥尼尔、哈代等人的著作一百多万字①。这些译著之中有许多被商务印书馆和中华书局等出版社出版。

1937年10月，王实味来到革命圣地延安。马列学院成立之后，其才华被马列学院院长张闻天注意到，并被调入马列学院编译部工作。在此期间，他加入了王学文、何锡麟的翻译工作之中，三人合作编译了《政治经济学论丛》，《价值价格与利润》是该论丛中的代表作之一。王实味在此期间充分发挥了自己的翻译才能，在延安专门从事翻译马克思、恩格斯、列宁原著的工作，4年间单独或与人合作共译出近200万字的理论书稿②。

在延安期间，王实味依然坚持文学创作，但是，他性格较为耿直，敢爱敢怒，这导致了他悲剧式的命运。1942年，由于发表了《政治家·艺术家》和《野百合花》等杂文，而在"整风运动"中被批评并最终被相继开除党籍、被逮捕，最后于1947年被错误处决③，毛泽东在得知王实味被错误处决的消息时，大为震怒。但由于种种原因，此冤案直到20世纪80年代才得到平反。1991年2月，公安部作出《关于对王实味同志托派问题的复查决定》④，王实味的冤案最终被彻底平反。

---

① 杜忠明：《延安文艺座谈会纪实》，中央文献出版社2012年版，第240—241页。
② 杜忠明：《延安文艺座谈会纪实》，中央文献出版社2012年版，第241页。
③ 刘卫东主编：《河南大学百年人物志》，河南大学出版社2012年版，第185页。
④ 刘卫东主编：《河南大学百年人物志》，河南大学出版社2012年版，第185页。

三、编译过程及出版情况

1938 年中国共产党在延安举行的扩大的六届六中全会上，通过了《中共扩大的六中全会政治决议案》。全会强调，全党必须自上而下地努力学习马克思列宁主义理论并努力将之与中国具体革命斗争实践相结合。学习马克思列宁主义理论成为当时全党的共识和重要工作。

为配合上述重要工作，中国共产党先后创立了马列学院和延安解放社。马列学院的编译部主要负责编译马克思列宁主义经典著作，延安解放社主要负责被编译的马克思列宁主义经典著作的出版工作。这两大机构成为延安时期中国共产党宣传、学习、研究马克思列宁主义理论的重要实体性机构。

由于王学文、何锡麟精于马克思主义政治经济学，精通外语，因此，他们与精通英文的王石巍一起负责 10 卷本的《马克思恩格斯丛书》中的《政治经济学论丛》的编译工作。10 卷本的《马克思恩格斯丛书》涵盖了马克思主义哲学、政治经济学、科学社会主义的重要经典著作，它们分别为：由吴黎平翻译，1938 年 6 月出版的《社会主义从空想到科学的发展》；由成仿吾与徐冰翻译，1938 年 8 月出版的《共产党宣言》；由张闻天与吴黎平翻译，1938 年 11 月出版的《法兰西内战》；由王学文、何锡麟和王石巍翻译，1939 年 3 月出版的《政治经济学论丛》；由柯柏年翻译，1939 年 4 月出版的《革命与反革命》；由柯柏年翻译，1939 年 6 月出版的《马恩通信选集》；由何锡麟与王学文翻译，1939 年 11 月出版的《〈资本论〉提纲》；由何思敬与徐冰翻译，1939 年 12 月出版的《哥达纲领批判》；由吴黎平与柯柏年翻译，1940 年 8 月出版的《拿破仑第三政变记》；由柯柏年翻译，1942 年 7 月出版的《法兰西阶级斗争》①。

　　1939 年 3 月出版的《政治经济学论丛》收录了《价值价格与利润》这篇文献。由上可知，在《马克思恩格斯丛书》当中，《政治经济学论丛》是其中重点介绍马克思主义政治经济学著作的分册，是该丛书的重要组成部分。1937 年全国抗战开始之后，中国共产党积极抗日，建立抗日根据地，领导敌后战场取得了许多重要胜利，延安成为中国革命圣地。延安此时吸引了全国大批革命救亡人士，其中包括大批革命知识分子，"这一潮流至 30 年代末进入高潮"②。《价值价格与利润》的翻译者之一王石巍（王实味）就是这批革命知识分子之一，1937 年 9 月，王石巍离开了河南开封省立女子中学，经西安奔赴革命圣地延安……最后王石巍于 1937 年 10 月只身抵达延安③。王石巍到达延安之后，马列学院院长张闻天让他去马列学院编译部，负责马克思主义经典文献的翻译。王石巍很快进入工作状态，积极参与王学文、何锡麟的翻译工作。大约在王石巍来延安前后一年的时间里，1937 年春天王学文已经从上海抵达延安，并担任马列学院副院长④；何锡麟于 1938 年春到达延安并随后调入

---

① 吴文珑：《延安时期马列著作翻译与出版的历史考察》，《党史研究与教学》2012 年第 4 期，第 41 页。

② 吴文珑：《延安时期马列著作翻译与出版的历史考察》，《党史研究与教学》2012 年第 4 期，第 40 页。

③ 杜忠明：《延安文艺座谈会纪实》，中央文献出版社 2012 年版，第 239—241 页。

④ 张卓元等主编：《中国百名经济学家理论贡献精要》第一卷，中国时代经济出版社 2010 年版，第 1—2 页。

马列学院编译部①。由于何锡麟1939年5月才进入马列学院编译部，因此，《价值价格与利润》这部文献应当是1938年5月之后由三人一起合作翻译。20世纪40年代三人因为工作调动等原因相继离开马列学院编译部。

由前文的版本信息可知，1949年7月王学文、何锡麟、王石巍的《价值价格与利润》译本再版，成为生活·读书·新知三联书店的该译本第一版。随后该版本在1950年、1953年经过多次印刷，"各版本之间有细微差别"②，比如最开始的封面使用了马克思和列宁的头像，而后来版本的封面只使用了马克思的头像。

① 林煌天主编：《中国翻译词典》，湖北教育出版社1997年版，第278页。
② 史清竹：《马克思〈工资、价格和利润〉研究读本》，中央编译出版社2017年版，第30页。

《工资、价格和利润》王学文、何锡麟、王石巍译本译文解析

　　王学文、何锡麟、王石巍翻译的《价值价格与利润》，水平非常高，基本上完整地表达了马克思所要表达的内容，并且很多内容的翻译精准，对之后的译介工作产生积极的影响。尤其难能可贵的是，这部译著在一些关键地方加了较为准确的注释，以帮助读者理解文中所要表达的思想。此外，该译本所使用的语言具有明显的白话文特点，虽然仍保留了一些文言式用法，但总体来说通俗易懂，对原文中的长难句做了适当而较为准确的转化，以适应中文读者。这充分体现出译者严谨的治学态度与很高的翻译水平。三位先生为马克思主义在中国的传播作出了重要历史贡献。当然，不可否认的是，受历史条件的限制，这部译本并非十全十美，仍有一些地方可以进一步完善，但瑕不掩瑜，该译本的历史意义不容忽视。

　　本部分将主要采用MEGA2、《马克思恩格斯全集》中文第二版（以下简称"全集第二版"）、《马克思恩格斯文集》（以下简称"文集"）中的《工资、价格和利润》对比王学文、何锡麟、王石巍的《价值价格与利润》译本，解析其译文，主要分为术语考证、观点疏正和译文校释三部分。

　　一、术语考证

　　王学文、何锡麟、王石巍的《价值价格与利润》译本在基本术语方面翻译得较为准确，对一些关键概念的翻译与后世权威译本所采用的翻译基本一致。当然，受时代的影响，有些术语或者词语在翻译上与当代用语有一些差异，比如王学文、何锡麟、王石巍译本中，表示助词"的"意思的词多用"底"表述；全集第二版或者文集中现在惯用连词"和"，王学文、何锡麟、王石巍译本中多用"与"。但是，这些并不妨碍我们对于文本的理解。

　　不过，客观而言，王学文、何锡麟、王石巍的《价值价格与利润》译本在术语翻译方面存在一些问题，其中有以下问题有待商榷。按照文本内容顺序，对王学文、何锡麟、王石巍的《价值价格与利润》译本中的具体术语翻译上的差异、部分翻译上的错误，可参考下面两个表格。

名词、时间、数字

MEGA2	全集第二版	文集	王学文、何锡麟、王石巍译本	备注
John Weston	韦斯顿	韦斯顿	威斯顿（Johns Weston）	王学文、何锡麟、王石巍版将John错加一个"s"。
citizen Weston	公民韦斯顿	公民韦斯顿	威斯顿氏	
Trades Uinions	工联	工联	职工会	
the International Association	国际协会	国际协会	国际联合会	

续表

MEGA2	全集 第二版	文集	王学文、 何锡麟、 王石巍译本	备注
Central Council	中央委员会	中央委员会	总评议会	将 Central Council 视为 General Council。实际上马克思是给国际工人协会中央委员会做的报告而非总委员会，因为总委员会于第一国际第一次代表大会上才成立，那时已经是1866年。
Agrippa	阿格利巴	阿格利巴	亚格利泊	
the H. o. C.	下院	下院	众议院	即 House of Commons，专指英国议会下院。
the Ten Hour's Bill	十小时工作日法案	十小时工作日法案	十小时法	将 bill 翻译为"法案"更准确，一般用"法"翻译 law；此外，王学文、何锡麟、王石巍译本在第18页将之翻译为"十小时法制"，前后翻译不一致。
Ure	尤尔	尤尔	乌尔	原文中为 Ure，王学文、何锡麟、王石巍译本中为 Uer。
Maximum laws	最大限度法令	最大限度法令	最高价格法	王学文、何锡麟、王石巍译本中的正文中称之为"最高价格法"，注释里面称之为这"法令"，对 law 的翻译不一致。此外，该注释中指出该法是1792年颁布，根据全集第二版与文集注释，颁布的具体时间应为1793年5月4日、9月11日和29日以及1794年3月20日。

续表

MEGA2	全集第二版	文集	王学文、何锡麟、王石巍译本	备注
1861	1861年	1861年	一八六〇年（第17页）	原文中为1861，王学文、何锡麟、王石巍译本错译。
Manchester	曼彻斯特	曼彻斯特	曼澈斯特	
the Society for the advancement of science	科学促进协会	科学促进协会	科学促进会	王学文、何锡麟、王石巍译本中将society拼写为socier，拼写错误。
Newman	纽曼	纽曼	牛曼	
Thomas Tooke	托马斯·图克	托马斯·图克	讬克	
History of Prices	价格史	价格史	物价史	
1816	1816年	1816年	一千八百十六年（第18页）	王学文、何锡麟、王石巍译本翻译年份的时候格式不统一，应为"一八一六年"。
New Lanark	新拉纳克	新拉纳克	纽拉拿克	
John C.Morton	约翰·查·摩尔顿	约翰·查·摩尔顿	穆尔顿	
the London Society of Arts,	伦敦技艺协会	伦敦技艺协会	伦敦文艺社	
The Forces used in agriculture	论农业中使用的动力	论农业中使用的动力	用在农业中的力量	
qr	夸特	夸特	夸脱	

续表

MEGA2	全集第二版	文集	王学文、何锡麟、王石巍译本	备注
the corn laws	谷物法	谷物法	谷物条例	
Urquhart	乌尔卡尔特	乌尔卡尔特	乌夸特	
the civil war	美国的内战	美国的内战	美国的南北战争	
sovereign	索维林	索维林	金镑	
Germany	德国	德国	德意志	
France	法国	法国	法兰西	
Lancashire	兰开夏郡	兰开夏郡	兰开夏	
d.	便士	便士	辨士	
3378102，5295130，3976130	3378012，5295130，3976130	3378102，5295130，3976130	三、三七八、七九二，五、二九四、四四〇，三、九七五、四四〇（第28页）	王学文、何锡麟、王石巍译本译错铸币厂铸造英镑的数字，共3处。
1861	1861年	1861年	一八一六年（第28页）	王学文、何锡麟、王石巍译本错译，将1861年误译为一八一六年。
clearing houses	票据交换所	票据交换所	银行清算所	
silk	丝绸	丝绸	丝	

续表

MEGA2	全集第二版	文集	王学文、何锡麟、王石巍译本	备注
ounce	盎司	盎司	温司	
Benjamin Franklin	本杰明·富兰克林	本杰明·富兰克林	佛兰克林	
1731	1731年	1731年	一七二一年	王学文、何锡麟、王石巍译本翻译错误，原文为1731年。
A modest Inquiry into the nature and necessity of a Paper Currency	试论纸币的性质和必要性	试论纸币的性质和必要性	纸币底性质和必要平议	
bushel	蒲式耳	蒲式耳	斛	
steam engine	蒸汽机	蒸汽机	汽机	
spindle	纱锭	纱锭	纺锤	
powerloom	蒸汽织机	动力织机	机织机	
handloom	手织机	手工织机	手织机	
Leviathan	利维坦	利维坦	巨灵	
Jacobin	雅各宾	雅各宾	甲可宾	
An Essay on Trade	论手工业，即《论手工业和商业。兼评赋税》	论手工业，即《论手工业和商业。兼评赋税》	贸易论	

续表

MEGA2	全集第二版	文集	王学文、何锡麟、王石巍译本	备注
working houses	习艺所	习艺所	劳役场	
Houses of Terror	恐怖所	恐怖所	恐怖院	
British	不列颠的	不列颠的	英国的	
the Juggernaut wheels	札格纳特车轮	札格纳特车轮	车轮	王学文、何锡麟、王石巍译本漏译"札格纳特"。
the factory acts	工厂法	工厂法	工厂条例	
Livonian	利夫兰	利夫兰	利活尼亚	王学文、何锡麟、王石巍译本中使用的是 Livonia，原文中为 Livonian，前者为名词，后者为形容词。
Thornton	桑顿	桑顿	蜀顿	
George Rose	乔治·罗斯	乔治·罗斯	乔治·洛斯	
poor taxes	济贫法	济贫法	救贫法	MEGA2 中的 poor taxes 应该为 Poor Laws，应该为马克思撰写草稿时的笔误，现在英文译本此处一般都写作 Poor Laws。
Sismondi	西斯蒙第	西斯蒙第	西斯蒙地	
Jones	琼斯	琼斯	约恩斯	
Ramsay	拉姆赛	拉姆赛	拉姆色	
Cherbuliez	舍尔比利埃	舍尔比利埃	克标利慈	

概念、语句、词汇

MEGA2	全集第二版	文集	王学文、何锡麟、王石巍译本	备注
Citizens	公民们	公民们	公民诸君	
preliminary remarks	开场白	开场白	预先的声明	
strikes	罢工	罢工	同盟罢工	
the head	领导	领导	首领	
defend	辩护	辩护	拥护	
unpopular	不受欢迎	不受欢迎	不喜欢	
in the interest of the working class	维护工人阶级的利益	维护工人阶级的利益	有益于工人阶级的	
unvarnished	直率	直率	笨拙	王学文、何锡麟、王石巍译本表意不当。
the bottom of his theses	构成他的论点基础	构成他的论点基础	他的论纲骨子里	
false	错误的	错误的	虚伪	王学文、何锡麟、王石巍译本表意不当，虚伪和错误的意思并不相近。
amount of national production	国民产品量	国民产品量	国民生产额	
amount of real wages	实际工资总额	实际工资总额	实际工资额	
the value and mass of production	产品的价值和数量	产品的价值和数量	生产底价值和分量	将 mass 译为"数量"而不是"分量"更符合英文意思；"生产"是活动，难以用量词形容，production 译为"产品"更佳。

MEGA2	全集第二版	文集	王学文、何锡麟、王石巍译本	备注
increase	扩大	扩大	增加	
the amount of money	货币数量	货币数量	货币额	
accumulation of capital	资本积累	资本积累	资本的积蓄	
the general rate of wages	工资水平	工资水平	一般的工资率	
It would, in the first instance, proceed from the existing state of things.	这种提高最初可能是由于当时的实际情况。	这种提高最初可能是由当时的实际情况造成的。	它第一步要从现状向前演进。	王学文、何锡麟、王石巍译本直译。
gratuitous assertion	武断	武断	臆断	
total amount	总数	总数	全额	
amount of production	产品量	产品量	生产额	
it would cut two sides	它也应当在这两方面都说得通	它也应当在两方面都说得通	这种论断对于两方面都可适用	
enforce	争取/迫使	争取/迫使	强使	王学文、何锡麟、王石巍译本直译，此处译为"争取"或"迫使"更佳，"强使"具有一些贬义色彩。
reaction	反作用	反作用	反动	"反动"贬义色彩重。

续表

MEGA2	全集第二版	文集	王学文、何锡麟、王石巍译本	备注
constant quantity	常数	常数	不变的量	
the rate of wages	工资水平	工资水平	工资率	
will	愿望	愿望	意志	
certainly		毫无疑问	确实（第7页）	全集未译出该词。
parson	牧师	牧师	有人	王学文、何锡麟、王石巍译本错将 parson 看作 person，致使翻译错误，将之翻译为"人"。
duality	两重性	两重性	二元性	
take as much as possible	获取尽量多的东西	获取尽量多的东西	尽他的能力夺取	王学文、何锡麟、王石巍译本中有误，原句中没有"能力"的意思，这样翻译让人误以为资本家多取是因为其自身能力。
inquire	研究	研究	考察	
amount（动词）	归结	归结	总括	
capitalist class	资本家阶级	资本家阶级	资本阶级	
would have to	不得不	不得不		王学文、何锡麟、王石巍译本没有译出来。
law	规律	规律	法则	

续表

MEGA2	全集第二版	文集	王学文、何锡麟、王石巍译本	备注
on the other hand	另一方面	另一方面	反之	
belly	胃	胃	肚子	
body politick	国家躯体	国家躯体	政治体	
produce	产品	产品	生产物	
contrivance	诡计	诡计	方法	contrivance 有贬义色彩，译为"诡计"更合适。
by raising the price	就是靠抬高价格	就是靠抬高价格	由于抬高价格	"by"没有"由于"的意思，王学文、何锡麟、王石巍译本错译。
Now, does a rise	那么，商品价格的提高	那么，商品价格的提高	现在，商品价格底提高	王学文、何锡麟、王石巍译本更准确。
give effect to	实现	实现	发生影响	王学文、何锡麟、王石巍译本直译，此短语表示"使之有效"。
that no change whatever has taken place either in the productive powers of labour, or in the amount of capital and labour employed, or in the value of the money, wherein the values of products are estimated,	在劳动生产力中，在所使用的资本和劳动的数量中，在估量产品价值的货币价值中，都没有变化	无论劳动生产力，还是资本和所使用的劳动的数量以及估量产品价值的货币价值都没有变化	劳动生产力使用的资本和劳动或额数借以估计生产物价值的货币价值都没有起什么变化	王学文、何锡麟、王石巍译本错译，原文中没有"劳动生产力所使用的资本和劳动"之意，因为劳动生产力是劳动者直接具备的，劳动者不可能主动使用资本。王学文、何锡麟、王石巍译本将其逻辑关系弄反了。

MEGA2	全集第二版	文集	王学文、何锡麟、王石巍译本	备注
necessaries	生活必需品	生活必需品	必需品/生活必需品	王学文、何锡麟、王石巍译本前后翻译不一致。
always	总是	总是	时常	"时常"不准确，"时常"与"总是"不是一个意思。
Well	那么	那么	但是	王学文、何锡麟、王石巍译本错译。
position	处境	处境	地位	
amount	数量	数量	额数	
industry	工业	工业	产业	
equalised	平均化	平均化	相等	
demand	需求	需求	需要	
prices	价格	价格	各种价格	
the aggregate amount of production,	产品总量	产品总量	生产总额	
form	形式	形式	形态/方式	
temporary	暂时	暂时	一时	
disturbance	混乱	混乱	扰乱	
surplus wages	工资增加数	工资增加数	盈余工资	
whatever	无论如何	无论如何	也不能	
arrive at this dilemma	二择其一	二择其一	遇着这种难关	

续表

MEGA2	全集第二版	文集	王学文、何锡麟、王石巍译本	备注
some fluctuations	某些波动	某些波动	稍微变动	王学文、何锡麟、王石巍译本中对some的翻译不当，应为"某些"而不是"稍微"。
a general rise	普遍增加	普遍增加	一般增加	
agricultural produce	农产品	农产品	农产物	
shift	回避	回避	转移	
practical instance	每一个具体场合	每一个具体场合	各实例	
depend on	取决于	取决于	依存	
the greatest economical changes	重大的经济改革	重大的经济改革	最大的经济的变动	
sway	统治	统治	左右	
I must say	我应该指出	我应该指出	我敢说	
the middle class	资产阶级	资产阶级	中等阶级	结合英国当时的社会现实，中等阶级主要是指资产阶级、农场主及相关知识分子等。无产阶级、农民处于社会底层，贵族、大资产阶级、大地主处于社会上层。
assert	断言	断言	力言	
stinting	缩小	缩小	限制	

续表

MEGA2	全集第二版	文集	王学文、何锡麟、王石巍译本	备注
ultimate ruin	弄得彻底破产	弄得彻底破产	最后就要完全无法生活	
contributor to, and editor of	合著者和出版者	合著者和出版者	撰稿人和编辑人	
actual amount of wages	实际的工资数额	实际的工资数额	工资实际上的额数	
moreover	其次	其次	并且	
improve	改善	改善	改良	
conscientious	诚实的	诚实的	谨慎的	
farmer	农场主	农场主	农民/农业经营者	farmer 在英语世界一般指有土地的农场主，peasant 才指没有土地的农民或佃农，王学文、何锡麟、王石巍译本翻译不准确且名称不统一。
official pauperism	正式登记的贫民	正式登记的贫民	公家给养的贫民	
failing harvests	歉收	歉收	收获减少	
cripple	破坏	破坏	压倒	
ultimate	不一定	最终	结局	文集与王学文、何锡麟、王石巍译本翻译更准确。

续表

MEGA2	全集第二版	文集	王学文、何锡麟、王石巍译本	备注
dogma	教条	教条	武断	王学文、何锡麟、王石巍译本翻译得不准确。
the mechanism of payments	支付机制	支付机制	支付的机构	
extent	广泛的	广泛的	扩充	
factory operative	工厂工人	工厂工人	工厂底劳动者	
banker	银行家	银行家	银行	王学文、何锡麟、王石巍翻译得不准确。
business	交易	交易	事业（第24页）	结合上下文，翻译为"交易"更准确。
Circulate/circulation	周转	周转	流通	
token	铸币	铸币	辅币	
expense	开支	开支	用费	
bullion	金银条块	金银条块	金银块	
retail trade	零售贸易	零售贸易	零售的商业	
channels of circulation	流通渠道	流通渠道	流通经路	
be driven out of	被挤出	被挤出	被驱除	
Bill circulation	票据流通	票据流通	期票流通	
cotton industry	棉纺织工业	棉纺织工业	棉织工业	

续表

MEGA2	全集第二版	文集	王学文、何锡麟、王石巍译本	备注
a rise of 300 %	增加了300%	增加了300%	增加百分之四百（第27页）	王学文、何锡麟、王石巍译本错译，应为"增加了300%"。
bullion reserve	黄金储备	黄金储备	金块准备	
paid in regular terms	定期支付	定期支付	正式交付	王学文、何锡麟、王石巍译本翻译不准确。
settle	结算	结算	清算	
Latin proverb	拉丁谚语	拉丁谚语	拉丁成语	
mishap	灾难	灾难	困窘	
pleads against	反对	反对	非难	
slang terms	庸词俗语	庸词俗语	俗语名词	
test	探测	探测	试验	
periodical	周期性的	周期性的	一时期的	王学文、何锡麟、王石巍译本翻译不准确，周期性不是一时性。
real value	实际价值	实际价值	实在价值/真正的价值	王学文、何锡麟、王石巍译本翻译不一致。
article	产品	产品	物品	
different trades	不同行业	不同行业	不同的事业	

续表

MEGA2	全集第二版	文集	王学文、何锡麟、王石巍译本	备注
regulate	调节	调节	规定/支配	王学文、何锡麟、王石巍译本翻译不一致。
standstill	为难	为难	停顿	
turned round to show us	反过来向我们证明	反过来向我们证明	掉转方向向我们说明	
regulator	调节器	调节器	准则	王学文、何锡麟、王石巍译本翻译不准确。
abstract terms	抽象的说法	抽象的说法	抽象的语法	
tautology	同语反复	同语反复	重复语	
spurn	驳斥	驳斥	排斥	
to be settled	（被）确定	（被）确定	（被）决定	
some third thing	某个第三种东西	某个第三种东西	某种第三种东西	"某种第三种东西"里面有两个"种"字，而且thing为单数，用"某个"翻译"some"更好。
functions	职能	职能	机能	
social substance	社会实体	社会实体	社会的实质	
subordinate	从属于	从属于	附属于	
realised	体现了的	体现了的	实现了的	
fixed	凝固的	凝固的	固定的	

续表

MEGA2	全集第二版	文集	王学文、何锡麟、王石巍译本	备注
the agricultural labourer	农业工人	农业工人	佣农	
labourer	工人	工人	劳动者	
labouring man	工人	工人	劳动者	
implement	装备	装备	器具	
building	房屋	房屋	厂屋	
the factory building	厂房	厂房	工厂建筑	
Average time	平均寿命	平均寿命	平均时间	
quantity of labour bestowed upon its production	由生产它所消耗的劳动量	由生产它所耗费的劳动量	生产它所需的劳动量	
the progress of population	人口增加	人口增加	人口发达	王学文、何锡麟、王石巍译本翻译不准确，"人口发达"和"人口增加"不是一个意思。
thousand times	几千	几千	一千（第47页）	结合上下文，应为"几千"，因为前文中马克思用了"many thousand times"。
Social Powers of Labour	劳动的社会力	劳动的社会力	社会的劳动力	王学文、何锡麟、王石巍译本错译，"劳动的社会力"和"社会的劳动力"不是一个概念，原文中的主语是"社会力"而不是"劳动力"。

续表

MEGA2	全集第二版	文集	王学文、何锡麟、王石巍译本	备注
Concentration	积聚	积聚	集积	
natural energies	先天的能力	先天的能力	自然的能力	
acquired working abilities	后天获得的生产技能	后天获得的生产技能	所学到的工作能力	
space	空间	空间	距离	
service	服务	服务	服役	王学文、何锡麟、王石巍译本翻译不准确。
contrivance	发明	发明	设计	
hinder	障碍	阻止	妨碍	
this matter	这个问题	这个问题	这桩事	
It suffices to say	只需要指出	只需要指出	总之	
monopoly	垄断组织	垄断组织	独占事业	
different trades	各个行业	各个行业	各业	
the general nature of profits	利润的一般本质	利润的一般本质	利润底一般的性质	将"nature"翻译为"本质"更佳。
nature	本质	本质	性质	同上。
This is so much the case that	的确	的确	情形多半是如此	
Maximum time	最长时间	最长时间	最大限度的时间	
instinctively	本能地	本能地	直觉地	

续表

MEGA2	全集第二版	文集	王学文、何锡麟、王石巍译本	备注
might	应当	应当	可以	
Previous	预先	预先	先期	
Expropriation	剥夺	剥夺	掠夺	
Separation	脱离	脱离	分离	
overturn	消灭	消灭	推翻	
living	活着	活着	生存	
wear out	损坏	损坏	归于无用	
replace	代替	代替	补充/抵偿	王学文、何锡麟、王石巍译本翻译不一致。
race	种族	种族	族类	
For our purpose	就我们的目的	就我们的目的	就我们的论题	
development	发展	发展	发达	
insane wish	妄想	妄想	疯狂的愿望	
radicalism	激进主义	激进主义	激进论	
wages system	雇佣劳动制度	雇佣劳动制度	工资制度	王学文、何锡麟、王石巍译本直译。
wages' labourer	雇佣工人	雇佣工人	工资劳动者	同上。
making it ran	使用它	使用它	运用它	
acting energies	工作能力	工作能力	活动的精力	

续表

MEGA2	全集第二版	文集	王学文、何锡麟、王石巍译本	备注
physical strength	体力	体力	肉体的气力	
circumstance	条件	条件	情形	
equivalent	等价物	等价物	等价/等价物	王学文、何锡麟、王石巍译本翻译不一致。
hour	小时	小时	小时/点钟	王学文、何锡麟、王石巍译本翻译不一致，"小时"和"点钟"的意思有时候不一样。
realise	体现	体现	实现	
unpaid	无偿的	无偿的	没有偿的/无偿的	王学文、何锡麟、王石巍译本翻译不一致，且出现于同一句话中。
false appearance	假象	假象	虚伪的外观	
In using the word "value of labour"	以下使用的"劳动的价值"这一用语	以下使用的"劳动的价值"这一用语	在用"劳动底价值"这个名词时	
total quantity of labour	全部劳动量	全部劳动量	劳动总量	
cost	费用	费用	原费	

MEGA2	全集第二版	文集	王学文、何锡麟、王石巍译本	备注
means of labour	劳动资料	劳动资料	劳动工具	王学文、何锡麟、王石巍译本直译，但是，"means"不只有"工具"的意思，还包括"手段、方式"等意义，因而翻译为"劳动资料"更佳。
the means of production	生产资料	生产资料	生产手段	
the employing capitalist	经营资本家	经营资本家	雇佣工人的资本家	
the money lending capitalist	放债的资本家	放债的资本家	借贷资本家	
landlord	土地占有者	土地所有者	地主	
source	泉源	泉源	来源	
consequence	结论	结论	结果	
fund	基金	基金	原本	
a given value	一定量的价值	一定量的价值	某种价值	
formation	形成	形成	构成	
advanced in wages	预付在工资上	预付在工资上	投于工资中	
express	表示	表示	表明	
show	表明	表明	指示	

MEGA2	全集第二版	文集	王学文、何锡麟、王石巍译本	备注
mode	方式	方式	方法	
conceal	掩饰	掩饰	隐藏	
working population	工人人数	工人人数	工作人口	
the productivity of labour	劳动生产率	劳动生产率	劳动生产力	
productivity	生产率	生产率	生产力	
attempt	争取	争取	企图	"争取"更符合工人这一主语，"企图"稍有贬义色彩。
resist	反对	反对	抵抗	
case	场合	场合	要例	
social position	社会地位	社会地位	社会等级上的相对地位	
solemn	庄严	庄严	严肃	
mine	矿山	矿山	矿产	
Pol. Econ-Momists	政治经济学家	政治经济学家	政治经济学者	
depreciation of money	货币贬值	货币贬值	货币跌价	
limit	界限	界限	限度	
working masses	劳动群众	劳动群众	工人大众	
beast	牲畜	役畜	畜生	

续表

MEGA2	全集第二版	文集	王学文、何锡麟、王石巍译本	备注
brutalised	狂野	野兽一般	狂野	
modern industry	现代工业	现代工业	近世产业	
the working man will still be the winner	劳动者还能占到便宜	劳动者还算是赢家	那还算工人占便宜	
deterioration	退化	退化	堕落	王学文、何锡麟、王石巍译本此处将之翻译为"堕落"不合适，因为"堕落"贬义色彩更浓。
capitalistic production	资本主义的生产	资本主义的生产	资本家的生产	王学文、何锡麟、王石巍译本翻译不当，资本主义的生产不是资本家的生产，虽然资本家是资本主义生产的一部分。
crisis	危机	危机	恐慌	王学文、何锡麟、王石巍译本翻译不准确。
the market prices	市场价格	市场价格	市场价值（第83页）	王学文、何锡麟、王石巍译本翻译错误，应为"价格"而不是"价值"。
the market rates of profit	市场利润率	市场利润率	利润的市场率	

续表

MEGA2	全集第二版	文集	王学文、何锡麟、王石巍译本	备注
cycle	周期	周期	循环期	
permanent	经常的	经常的	永久的	
the amount of production	生产的规模	生产的规模	生产底分量	
do what he may	无论工人如何行动	不论工人如何行动	无论工人如何竭力斗争	
ultimate limit	最低界限	最低界限	最终的限度	
physical	生理的	生理的	物质的	
yeoman	自耕农	自耕农	自由民	
glorious	高明的	高明的	光荣的	
mere physical minimum	纯粹生理上的最低界限	纯粹生理上的最低界限	浅浅物质上的最小限度	
standard wages	工资水平	工资水平	标准工资	
constantly press	不断对抗	不断对抗	不断挺进	
private settlement	私人协商	私人协商	私人的妥协	
American people	美国人民	美国人民	美洲……人民（第91页）	王学文、何锡麟、王石巍译本不准确，结合上下文可知，应是"美国人民"：前面直接提到了美国（Un. States），下文又说母邦英国——显然英国并不是所有美洲国家的母邦。

续表

MEGA2	全集第二版	文集	王学文、何锡麟、王石巍译本	备注
Abolition	消灭	消灭	废除	
a guerilla war	游击式的斗争	游击式的斗争	小战争	
Profit is made by selling a ommodity at its value	利润是按照商品的价值出卖商品获得的	利润是按照商品的价值出卖商品获得的	利润是由商品按照它的价值出卖而取得的	

二、观点疏正

1. 王学文、何锡麟、王石巍的《价值价格与利润》译本直接而明确地指出了马克思写作该文献时的主要背景，及该文献最终被出版的情况。这直接体现于该版本的第一个注释之中："这篇作品是马克思在一八六五年六月二十日和二十七日第一国际总评议会（General Council）的两次会议中所作的一篇演说。兹将引起他作这篇报告的情形简述如下：在一八六五年四月四日的总评议会会议上，威斯顿（Johns Weston，总评议会中的一个评议员，同时是一个英国工人的代表）提议要总评议会讨论下列问题：'一、工人阶级社会的和物质的前途，能否因工资增加得到一般的改善？''二、职工会努力争取工资增加，是否对其他产业部门发生有害的影响？'威斯顿宣称他要对第一问题作否定的回答，对第二问题作肯定的回答。威斯顿底①报告是在评议会五月二日和二十日的会议上报告和讨论的。马克思在一八六五年五月二十日致恩格斯的一封信中，像下面这样又谈到这回事：'今天晚上'，马克思信里写，'国际②开一次特别会议。一位很好的老朋友，一个老欧文主义者（Owenite）威斯顿——一个木匠——提出了两个提案，现正不断地在Beeline报纸上辩护：（一）他提议说，工资率普遍地提高不能给与工人以任何好处；（二）他提议说，因此……职工会是有害的。如果这两个在我们团体中只有他一个人相信的提案被通过了，那末，在这儿的职工会问题上，在现正盛行于欧洲大陆的罢工传染病问题上，我们便都要陷于无以自解的境地……。当然，大家希望我作一篇答辩。所以我应该认真准备好今晚的答覆才对；但我以为继续写我底资本论更要紧些，因此只有依靠临时答辩了。'当然，我预先已经知道他底两个主要论点乃是：（一）劳动的工资决定商品的价值，（二）如果资本家今天不付四先令而付五先令，明天他们就要把他们底商品卖五先令不卖四先令（因需要增加了，所以能那样做）。'这种见解虽愚，因为它只看到最肤浅的表面，但要想向那些丝毫不了解这些问题的人去解释与这些问题有关的一切，依然不是一件容易事。你不能把一部政治经济学压缩在一点钟内讲完的。但我们将要尽最大的力量去做。'在五月二十日的会议上，威斯顿底观点被马克思批评得体无完肤，同时，一个英国职工会出席总评议会的代表恢莱尔（Wheeler），也发言反对威斯顿。马克思并没有自限于

---

① 即"的"，"底"同"的"。在尊重原文、方便读者阅读的基础上，下文仍使用"底"。

② 即第一国际。

'临时答辩，①'而进行作了一篇反对报告。中央评议会（Central Coun-
cil）会议中，有人提议把马克思和威斯顿的报告都付印发表。关于这一
层，马克思在六月二十四日致恩格斯的信中像这样写道：'对于威斯顿
所提关于工资普遍增加的影响等等那个问题，我已经在中央评议会上宣
读了一种文件，要印出来，篇幅也许要占两张印书纸。第一部分是回答
威斯顿底瞎说的；第二部分是一种理论的解释，在与当时情况适宜的原
则下尽量解释了。'现在大家想拿这篇东西付印。'但马克思和恩格斯都
没有拿这作品付印发行。它是在恩格斯死后从马克思底文件中找到，由
马克思底女儿伊琳诺·爱弗林（Eleanor Aveling）予以出版的。"（第
1—4页）

　　以上内容与本通考第一部分中分析《工资、价格和利润》写作的直
接背景的时候所引用的马克思在1865年5月20日和6月24日写给恩格斯
的两封信的内容一致，直接交代了该文献写作的直接原因、过程。同
时，交代了该篇文献并未在马克思、恩格斯在世时公开出版并最终由马
克思女儿出版的事实。这一注释为后世国内研究该篇文献写作的直接背
景奠定了基础。目前，国内权威版本与相关研究所涉及的相关内容大都
与此版本注释一致。当然，在此之前，关于《工资、价格和利润》写作
的直接背景与内容的相关介绍在更早的中文译本中也有所涉及，比如朱
应祺、朱应会译本也介绍了《工资、价格和利润》的基本状况，但是并
未涉及马克思在1865年5月20日和6月24日写给恩格斯的两封信的内
容，而且没有直接交代马克思写作该文献的直接原因是与约翰·韦斯顿

---

① 原文标点"，"标注于此。

错误观点的论战①。因此，王学文、何锡麟、王石巍译本中的这条重要注释在这一点上具有开创性。

2.《工资、价格和利润》中的主要内容与《资本论》的主要思想一致，因此，其主要观点在表述上与《资本论》中的相关内容也一致。不过，《工资、价格和利润》在实践层面更加侧重于工人的工资或劳动力价格，所以，对"劳动力"的阐释成为其中的核心内容。如前所述，马克思区分了劳动的价值和劳动力价值，由于马克思主义政治经济学意义上的价值是指由抽象劳动所决定的、凝结于商品中的毫无差别的人类劳动，所以，劳动的价值等价于"价值的价值"这种同语反复。在王学文、何锡麟、王石巍的《价值价格与利润》译本中直接将此表述为："在普通所承认的名词里，却没有劳动底价值这种东西。我们已经知道商品里所结晶的必要劳动量形成价值。现在应用这价值底概念，我们怎样能替一个十小时工作日的价值下一种决定呢？一工作日含有多少劳动呢？十小时劳动。如果说一个十小时工作日的劳动等于十小时的劳动或是等于这一日所含的劳动量，这是一种重复的话，也是一种无意义的表现。我们一旦发见了'劳动底价值'这表现之真实而隐藏的意义之后，自然能够解释这种不合理的似乎不可能的价值之应用，好像我们一旦确定了天体实际的运动就能够说明它们表面的或只是现象的运动一般。"（第53—54页）可见，王学文、何锡麟、王石巍译本将这一重要思想准确译出。对"劳动价值"和"劳动力价值"的区分成为阿尔都塞使用其著名的"症候阅读法"阅读《资本论》或马克思政治经济学的重要案

---

① ［德］马克思：《工资价格及利润》，朱应祺、朱应会译，上海泰东图书局1929年版，第1页。

例①，产生了广泛的学术影响力。

3. 除了对于劳动力价值的分析之外，在《工资、价格和利润》之中，马克思"又重新捡起了绝对贫困化的理论，宣布在资本主义社会里劳动力价值会不断下降，直至其最低限度"②。在王学文、何锡麟、王石巍的《价值价格与利润》译本中直接将此表述为："近世产业底发达，必定递加地有利于资本家而有害于工人，因此，资本家的生产之一般倾向，不是提高平均的工资水准而是降低平均的工资水准，或是多少要把劳动价值驱向它的最低限度。这是这种制度中诸事的倾向，但这是不是说工人阶级应当舍弃他们对于资本掠夺的抵抗并抛开他们利用一切时机使他们生活有一时改良的企图呢？他们如果这样做去，就会沦为一群不可拯救的穷苦无告的人。"（第93—94页）王学文、何锡麟、王石巍将此思想较为准确地译出，但是，如前所述，该译本对"资本家的生产"之译法不准确，应当为"资本主义的生产"。资本主义的生产不是资本家的生产，资本家不生产，虽然资本家是资本主义生产的一部分。

三、译文校释

本部分校释主要是对第一部分的补充，重点是对王学文、何锡麟、王石巍的《价值价格与利润》译本中的标点错误、错别字、漏译、添加

---

① ［法］路易·阿尔都塞、艾蒂安·巴里巴尔：《读〈资本论〉》，李其庆、冯文光译，中央编译出版社2001年版，第12—15页。

② 孟捷：《劳动力价值再定义与剩余价值论的重构》，《政治经济学评论》第六卷第4期（2015年7月），第79页。

等问题的更正。

　　总体而言，王学文、何锡麟、王石巍的《价值价格与利润》译本存在一些标点错误、错别字、漏译、添加等问题。这些问题中最多的是标点错误，尤其是着重号错误，主要原因应当是排版问题，不少需要加着重号的字被漏加，往往是因为该字是一句话或一段话的尾字，需要加其他符号，加上着重号之后会变成其他标点符号（如着重号和逗号放在一起像是分号）；但是，这种问题实际上可以进行技术处理，比如不适用点状着重号，而是将需要着重的字体改为黑体或者其他字体（MEGA2即采用斜体表示着重）。

　　就此相关问题，可参阅下面两个表格。

王学文、何锡麟、王石巍译本标点错误与错别字①

王学文、何锡麟、 王石巍译本页码	错误之处
5	"固定的东西"中在"东"字多加一个着重号。
5	"劳动底生产力"中在"力"字缺少一个着重号。
6	"绝对的限度"中"绝对的"漏加着重号。
7	"行动"中"动"字漏加着重号。
7	"并且必不可增加"中"加"字漏加着重号。
8	"他的力量"中"量"字漏加着重号。
9	"并且证明它"和"其次"后面的符号标反了，前者后面应为句号，后者后面应为逗号。

---

① 以MEGA2为准。

续表

王学文、何锡麟、 王石巍译本页码	错误之处
10	"告诉你们说"中"们"字后面多加一个逗号。
11	"劳动或额数"中"额"字后面多加一个逗号。
11	"必须用在必需品上"中"必"字漏加着重号。
11	"那些不生产必需品"中"不"字后面漏加着重号。
17	"市场低丧失"中"低"应为"底",错别字。
18	"农业工资有普遍的增加"中"加"字漏加着重号。
19	"几不可辨的程度内改良"后面漏加一个逗号。
33	"一时的变动"中"动"字漏加着重号。
34	"矿工"处顿号错位,顿号应该在"工"字后面。
35	"不过是工资上所加的百分之几"中"几"字漏加着重号。
41	"那就是劳动"中"动"字漏加着重号。
41	"不仅是劳动"中"动"字漏加着重号。
41	"生产一种商品"中"品"字漏加着重号。
42	"一种商品有一种价值"中"值"字漏加着重号。
43	"劳动之相等量底结晶"中"晶"字漏加着重号。
44	"他们的工资"中"资"字漏加着重号。
44	"就是工资"中"资"字漏加着重号。
45	"他们的全部价值"中"他们"应为"它们"。
45	"所必需的劳动量"中"量"字漏加着重号。

王学文、何锡麟、 王石巍译本页码	错误之处
48	"以上只讲过价值"中"值"字漏加着重号。
48	"价值向价格的转变"八个字都漏加着重号。
49	"那末，价值和市场价格底关系或自然价格和市场价格底关系是怎样呢?"一句应单独成段。
49	"社会的劳动底平均量"中"量"字漏加着重号。
51	"利润底一般的性质"中"质"字漏加着重号。
53	单词"Labourign"应为"Labouring"，拼写错误。
54	"不直接是他的劳动"中"动"字漏加着重号。
54	"最大限度的时间"中"间"字漏加着重号。
54	"直觉地"三字的着重号为添加，原文中没有。
54	"就是他的价格"中"格"字漏加着重号。
54	"能够决定劳动底价值"中"值"字漏加着重号。
55	"原始的掠夺"中"掠夺"二字漏加着重号。
57	"劳动力底价值"中"值"字漏加着重号。
59	"现在我希望你们一个要点要注意"不是单独一段话，属于前面一段，分段错误。
60	"每星期的价值"中"值"字漏加着重号。
60	"六小时以外"中"外"字漏加着重号。
60	"剩余棉纱"中"纱"字漏加着重号。
61	"一种剩余价值"中"值"字漏加着重号。

王学文、何锡麟、 王石巍译本页码	错误之处
62	"工人从事劳动之后"中"后"字漏加着重号。
63	"一部分是有偿的"中"有"和"的"二字漏加着重号。
63	"雇佣劳动"中"雇佣"二字漏加着重号。
65	"生产品底全部价值"中"值"字漏加着重号。
65	"按照商品真正的价值"中"按照商品"四个字漏加着重号。
66	"被付以任何等价"中"任何"二字漏加着重号。
66	"他们的价值"和"他们的真正价值"两处中"他们"应为"它们"。
67	"工人底剩余劳动"中"剩"字漏加着重号。
67	"或无偿劳动的"处着重号应该标在"无偿劳动"处,着重号错位。
67	"我称为利润"中"润"字漏加着重号。
67	"建筑"二字后面漏加顿号。
67	"地租利息"处,"地租"后面漏加顿号。
67—68	"之不同部分的"六个字漏加着重号。
69	"构成任何收入"中"入"字漏加着重号。
69	"资本而已"中"而"字多加着重号。
69	"分解"二字漏加着重号。
69	"独立价值相加而成"中"成"字漏加着重号。
69	"三先令的剩余价值"中"剩"和"值"二字漏加着重号。

续表

王学文、何锡麟、王石巍译本页码	错误之处
70	"全部原本"中"本"字漏加着重号。
70	"一种绝对数量"中"绝对"二字漏加着重号。
70	"为利润额"中"额"字漏加着重号。
73	"却不发生影响"和"但是商品底价值"之间没有分段。
73	"不是永远不变的"中"不"字多加着重号。
76	"劳动底价值"中"值"字漏加着重号。
77	"劳动所增加的价值"中"值"字漏加着重号。
78	"劳动价值之半数"中"数"字漏加着重号。
80	"他定的是十二小时"中"小时"二字漏加着重号。
82	"降低劳动底价值"中"值"字漏加着重号。
84	"他的劳动价值"中"值"字漏加着重号。
84	"一切商品底价值"中"一切商品底"五个字的着重号为添加。
85	"事前"二字漏加着重号。
86	"不发生什么影响"后面错加一个问号。
86	"才有胜利的可能"后面句号应该为问号。
86	"它的市场价格"中"格"字漏加着重号。
86	"适合于它的价值"中"值"字漏加着重号。
89	"他们的最低限制"中"制"字漏加着重号。
89	"利润底最高限度"中"度"字漏加着重号。
92	"一种递加的变化"中"化"字漏加着重号。

续表

王学文、何锡麟、 王石巍译本页码	错误之处
93	"驱向它的最低限度"中"度"字漏加着重号。
94	"社会形态"中"态"字漏加着重号。
94	"革命的口号"中"革命的"三字漏加着重号。

王学文、何锡麟、王石巍译本漏译或添加之处①

王学文、何锡麟、 王石巍译本页码	漏译或添加
1	欧洲大陆，添加"欧洲"二字，原文中只有the Continent；不过，此处添加是准确的，因为原文中加了定冠词the。
6	"现在假定"处，原文中没有"现在"的意思，为添加。
7	"所以就是依照威氏"处，"所以"二字为添加。
8	"一切推理的论断人"处，"人"字为添加。
11	"我们假定"前面漏译"既然"，原文中为"as"。
12	"他们用于奢侈品的也少"处缺少"不得不"的意思，原文中有"have to"。
14	"各部分要起变化罢了"处，原文中有"would"一词，含有可能性的意味，此处缺少表示可能性的相关词语。
14	"直到供给增加"前面漏译"这种变化必将继续下去"，原文中"going on"表示这个含义。

---

① 以MEGA2为准。

续表

王学文、何锡麟、 王石巍译本页码	漏译或添加
19	"平均算来"前面漏译"然而"，原文中"still"一词表示这个含义。
25	"现在假定工资增加了百分之五十"处"现在"为添加，原文中没有词语表示"现在"。
47	"借交和运输"应为"借交通和运输"，漏掉"通"字。
53	"他们每天所出卖的是劳动"应为"他们每天出卖的是他们自己的劳动"，原文中"their Labour"表示"他们自己的"。
81	"大家晓得"为添加，原文中没有这句话。
88	"这就是使雇佣工人者变成奴隶"中"者"字为添加，添加该字之后，整句话的意思正好相反，应该是雇佣工人变成奴隶而不是雇佣工人的人变成奴隶。

结语

　　由前面内容可以看出，王学文、何锡麟、王石巍的《价值价格与利润》译本从整体上遵循且较为准确地译出了原文献中马克思所要表达的思想，虽然在一些词汇或概念的译法等方面存在一些问题，但仍是瑕不掩瑜，是一部经典译本，在马克思主义经典理论的译介历史上散发着真理的光芒。

　　王学文、何锡麟、王石巍的《价值价格与利润》译本最早收录于《政治经济学论丛》之中，并于1939年3月出版于延安解放社，这一时期正值中国共产党全党深入学习马克思列宁主义理论的重要时期；而1949年、1950年和1953年王学文、何锡麟、王石巍的《价值价格与利润》译本单行本的出版正值新中国成立，新民主主义革命向社会主义革命的过渡时期，该时期马克思列宁主义逐渐深入人心，全国人民深切感受到新中国的成立是马克思列宁主义的胜利，是马克思列宁主义与中国具体国情相结合的毛泽东思想的胜利。同时，由于王学文、何锡麟、王石巍的《价值价格与利润》译本是由中国共产党组织领导的翻译事业在革命时期的成果，所以，这部译本在中国马克思主义传播史上具有重要地位。

　　王学文、何锡麟、王石巍三位译者是中国近现代史上在经济学界、文学界或翻译界的重要人物。王学文作为著名经济学家，精于马克思主义政治经济学，因此，王学文、何锡麟、王石巍的《价值价格与利润》译本在学理层面和思想内容上有充分保证；何锡麟长期从事马克思主义经典著作的翻译工作，具有丰富的翻译经验，而且他本人同样精于马克思主义政治经济学，所以，三人的《价值价格与利润》译本在内容上和文字上较为成熟；王石巍长期从事文学与翻译工作，精通外语，虽然对政治经济学的研究不如王学文和何锡麟一样精深，但深厚的文字功底十分有助于三人的《价值价格与利润》译本的语言表达。

鉴于以上历史事实，王学文、何锡麟、王石巍的《价值价格与利润》译本对于马克思主义话语体系的形成具有推动作用。比如，该译本14个部分的标题分别为"生产与工资""生产、工资与利润""工资与通货""供给与需要""工资与价格""价值与劳动""劳动力""剩余价值底生产""劳动底价值""利润是由商品按照它的价值出卖而取得的""剩余价值所分解成的各部分""利润、工资与价格底一般关系""企图工资增加或抵抗工资下降底要例"和"资本和劳动间的斗争及其结果"。从以上14个标题就可以看出，该译本所使用的核心术语与当代所使用的相关术语基本一致。从前文中的概念、语句、词汇对比表可知，目前《工资、价格和利润》的权威译本继承了王学文、何锡麟、王石巍译本的许多翻译语言。当然，不可否认的是，王学文、何锡麟、王石巍的《价值价格与利润》译本同样具有一些翻译上的错误，但是，这并不影响该译本整体上的高水准。

需要特别指出的是，王学文、何锡麟、王石巍的《价值价格与利润》译本与当前权威的《工资、价格和利润》译本相比较，有些译法并不是翻译错误，而是由于直译所致。比如"雇佣劳动制度"这一概念在原文中所使用的词是 wages system，其英文直译即为"工资制度"——这也是王学文、何锡麟、王石巍译本所使用的译法。雇佣劳动制度是马克思用以描述资本主义生产关系所使用的核心概念，如果将 wages system 进行直译并不会完全遮蔽资本主义生产关系背后的所有实质性内涵，但是，将此直译实际上并不如将此译为"雇佣劳动制度"更能凸显资本主义生产关系的剥削制度实质。但是，从王学文、何锡麟、王石巍的《价值价格与利润》译本的内容上可以直接得出"工资制度"是资本主义生产关系剥削制度的本质。因而，王学文、何锡麟、王石巍的《价值价格与利润》译本的这一译法直接成为后世编译者所要面临的问题。后世译者在他们这种译法的基础上，结合当时对"雇佣劳动制度"的多种语言译法进行了分析与比较，最终才有了今天权威译本的"雇佣劳动制度"译法。通过上述案例①，我们应当明确，一部马克思主义经典作品的编译工作不是一成不变的，而是随着时代的变化，经过反复斟酌，后世编译者在前人基础之上最终形成当代的权威译法。

王学文、何锡麟、王石巍的《价值价格与利润》译本对于马克思主义话语体系的形成所具有的推动作用除了相关术语、词汇等方面的原因之外，更多地在于其思想。正如全文在分析该译本的译介背景等内容时所指出的，马克思主义经典著作对于中国共产党领导中国革命的胜利具有积极意义。这种积极意义实质上就是马克思主义的真理超越语言差异散发出思想之光并被中国人民所接受的历史进程。《工资、价格和利润》中的思想迅速融入中国革命的伟大实践，理论与实践结合在一起，

---

① 当然类似案例还有一些，相关内容可参阅前文相关章节的对比。此外，关于王学文、何锡麟、王石巍的《价值价格与利润》译本所使用的书名与当前权威译本所使用的"工资、价格和利润"之间的差异亦可参阅前文相关内容，在此不再赘述。

为中国人民全面认识资本主义制度和其他一切剥削制度起到了启蒙的作用，并最终以先进的社会意识反作用于社会存在，促进了社会主义制度在中国的实现。而这一历史过程同时也是中国马克思主义话语体系与党和人民意志的表达相统一的历史过程。

参考文献

［1］马克思恩格斯文集：第2卷［M］. 北京：人民出版社，2009.

［2］马克思恩格斯文集：第3卷［M］. 北京：人民出版社，2009.

［3］马克思恩格斯文集：第8卷［M］. 北京：人民出版社，2009.

［4］马克思恩格斯文集：第10卷［M］. 北京：人民出版社，2009.

［5］马克思恩格斯全集：第21卷［M］. 北京：人民出版社，2003.

［6］马克思恩格斯全集：第31卷［M］. 北京：人民出版社，1972.

［7］Marx-Engels-Gesamtausgabe（MEGA2），Band I/20. Berlin：Dietz Verlag，1992.

［8］毛泽东选集：第2卷［M］. 北京：人民出版社，1991.

［9］［德］马克思. 工资、价格及利润［M］. 朱应祺、朱应会，译. 上海：泰东图书局，1929.

［10］［美］约瑟夫·熊彼特. 经济分析史：第1卷［M］. 北京：商务印书馆，1996.

［11］［美］约瑟夫·熊彼特. 经济分析史：第3卷［M］. 北京：商务印书馆，1994.

［12］［英］约翰·洛克. 政府论：下篇［M］. 北京：商务印书馆，2004.

［13］［英］亚当·斯密. 国民财富的性质和原因的研究：上卷

［M］. 北京：商务印书馆，1972.

［14］［法］阿尔都塞，巴里巴尔. 读《资本论》［M］. 李其庆，冯文广，译. 北京：中央编译出版社，2001.

［15］郜丽华. 劳动价值论的历史与现实研究［M］. 北京：经济科学出版社，2007.

［16］史清竹. 马克思《工资、价格和利润》研究读本［M］. 北京：中央编译出版社，2017.

［17］张卓元，等. 中国百名经济学家理论贡献精要：第1卷［M］. 北京：中国时代经济出版社，2010.

［18］杜忠明. 延安文艺座谈会纪实［M］. 北京：中央文献出版社，2012.

［19］林煌天. 中国翻译词典［M］. 武汉：湖北教育出版社，1997.

［20］刘卫东. 河南大学百年人物志［M］. 郑州：河南大学出版社，2012.

［21］姚铁璜. 中共信阳党史人物录［M］. 中共信阳市委党史地方志研究室，1999.

［22］吴文珑. 延安时期马列著作翻译与出版的历史考察［J］. 党史研究与教学，2012（4）.

［23］孟捷. 劳动力价值再定义与剩余价值论的重构［J］. 政治经济学评论，6：（4）.

原版书影印

说　明

　　《马克思主义经典文献传播通考》各册均附有原版书影印资料，即马克思主义经典著作中文译本。本丛书所称"译本"是指：1. 我国单行出版的马克思、恩格斯、列宁等原著，包括著作、书信选译和专题文集；2. 报纸、杂志连载马克思、恩格斯、列宁等著作的完整译文。鉴于中华人民共和国成立前，马克思主义经典著作的译本数量众多，版次与印次繁杂，本丛书所附译本均作专门说明。

　　本册所附《工资、价格和利润》王学文、何锡麟、王石巍译本为生活·读书·新知三联书店1949年7月出版、1950年6月重印的《价值价格与利润》。

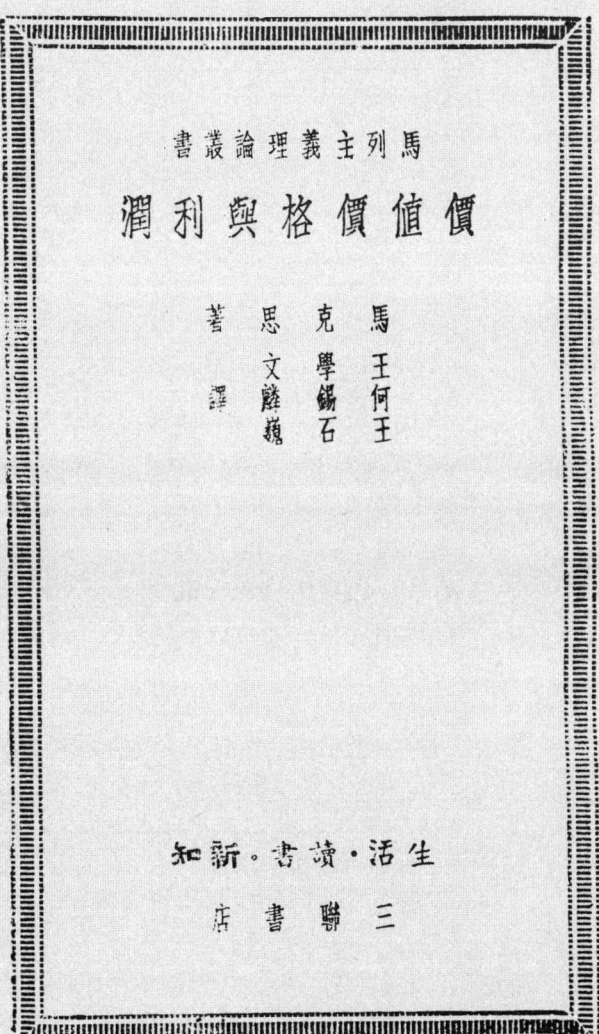

馬列主義理論叢書

價值價格與利潤

馬克思 著

王學文
何錫麟
王離蘈 譯

生活·讀書·新知
三聯書店

版權所有　不准翻印

一九四九年七月第一版
一九五〇年六月第四版
瀋陽日報社印刷廠承印
瀋陽造17001 — 20000 冊

・總 管 理 處・
北京西總布胡同二十九號
・各 地 分 店・
北京王府井　上海南京路　瀋陽太原街　廣州漢民路
天津　濟南　西安　長沙　開封
香港　大連　哈爾濱　重慶　漢口

目次

1

價值價格與利潤

2

1

價值、價格與利潤(註)

引言

公民諸君，在我入主題之先，請允許我說幾句預先的聲明。

歐洲大陸現在流行着一種同盟罷工底真正流行病和一種增加工資的普遍的呼聲。這個問題將要在我們的大會中提出。你們是國際聯合會底首領，對於這個極重要的

(註)這篇作品是馬克思在一八六五年六月二十日和二十七日第一國際總評議會 (General Council)的兩次會議中所作的一篇演說茲將引起他作這篇報告的情形簡述如下。

在一八六五年四月四日的總評議會會議上，威斯頓 (Johns Weston，總評議會中的一個評議員，同時是一個英國工人的代表）揭議要總評議會討論下列問題

「(一)工人階級社會的和物質的前途能否因工資增加得到一般的改善?」

價值價格與利潤

2

問題應當有確定的意見講到我個人，我以爲就是冒著會使你們很不耐煩的危險，而深

入這個問題仍是我的義務。

還有我須預先聲明的話，是關於威斯頓先生的。威氏知道好些意見是極不爲工人

「二、職工會努力爭取工資增加，是否對其他產業部門發生有害的影響？」

威斯頓宣稱他要對第一問題作否定的問答，對第二問題作肯定的問答。

威斯頓底報告是在評議會五月二日和二十日的會議上報告和討論的。馬克思在一八六五年五月

二十日致恩格斯的一封信中，像下面這樣又談到這回事：

「今天晚上」馬克思信裏寫「國際開一次特別會議一位很好的老朋友，一個老歐文主義者（Ow

enite)威斯頓——一個木匠——提出了兩個提案現正不斷地在Beeline報紙上辯護（一）他提議說，

工資率普遍地提高不能給與工人以任何好處；（二）他提議說因此……職工會是有害的。如果這兩個在

我們團體中只有他一個人相信的提案被通過了，那末在這兒的職工會問題上，在現正盛行於歐洲大陸

的罷工傳染病問題上，我們便都要陷於無以自解的境地……。當然大家希望我作一篇答辯所以我應該

引言

3

階級所喜歡的，而他不獨已經向你們提出並且已經公然擁護它們，以為這是有益於工

人階級的這樣道德上的勇氣之表現我們大家必須深致敬意。我這篇文字雖然詞句笨

拙然我希望威氏於本篇終結時將發見我對於他的論綱骨子裏所含在我認為正確的

以能那樣做）

懇真準備好今晚的答覆才對但我以為繼續寫我底資本論更要緊些，因此只有依靠臨時答辯了。

「當然，我預先已經知道他底兩個主要論點乃是：（一）勞動的工資決定商品的價值（二）如果資本

家今天不付四先令而付五先令明天他們就要把他們底商品賣五先令不賣四先令（因需要增加了，所

「這種見解雖愚，因為它只看到最膚淺的表面但要想向那些絲毫不瞭解這些問題的人去解釋與

這些問題有關的一切依然不是一件容易事你不能把一部政治經濟學壓縮在一點鐘內講完的但我們

將要盡最大的力量去做」

在五月二十日的會議上威斯頓底觀點被馬克思批評得體無完膚同時，一個英國職工會出席總評

議會的代表惠萊爾（Wheeler）也發言反對威斯頓馬克思並沒有自限於「臨時答辯」而進行作了一

價値與價格利潤　　　　　4

觀念，表示同意，但就他的論綱現在的形式講，我不能不認爲在理論上是虛僞而在實行上是危險的。

我現在就進行當面的事。

篇反對報告中央評議會（Central Council）會議中有人提議把馬克思和威斯頓的報告都付印發表。

關於這一層馬克思在六月二十四日致恩格斯的信中像這樣寫道：

「對於威斯頓所提關於工資普遍增加的影響等等那個問題我已經在中央評議會上宣讀了一種文件，要印出來篇幅也許要佔兩張印書紙。第一部分是回答威斯頓底瞎說的；第二部分是一種理論的解釋，在與當時情況適宜的原則下盡量解釋了。

「現在大家想拿這篇東西付印」

但馬克思和恩格斯都沒有拿這作品付印發行它是在恩格斯死後從馬克思底文件中找到，由馬克思底女兒伊琳諾·愛弗林（Eleanor Aveling）予以出版的。

——編輯部註

一　生産與工資

威斯頓（Weston）氏的論據，在實際上是基於兩個前提的：第一、國民生産額是一種固定的東西，像數學家所說的是一種不變的量或數第二實際工資額——這就是說，以工資所能夠購買商品底分量來測定的工資額——是一種固定的額是一種不變的數。

威氏第一種論斷，顯然是錯誤的。年年歲歲，你們將可以看出生産底價值和分量增加，國民勞動的生産力增加，而用以流通這種增加着的生産所必須之貨幣額繼續變化不止。在一年底年終是如此逐年彼此相較是如此一年中平均的每一天也是如此國民生産底數量是繼續變化的它不是一種不變的數而是一種可變的數就是不計人口底變動，它必定還是如此的，因爲資本的積蓄和勞動底生産力是繼續變化不止的如果一般的工資率今天增加起來了，不論這種增加將來的結果如何，但它自身不即刻使生産

價值價格與利潤　　　　　　　　　　　　　　　　　　　　　　　　　　6．

額發生變化，這完全是真實的。它第一步要從現狀向前演進。但是在工資增加之前，如果

國民生產是可變的不是固定的那末在工資增加之後這種生產也將繼續是可變的不

是固定的。

現在假定國民生產額是不變的，不是可變的。就是在這種情形之中，我們的朋友威

斯頓所認為邏輯上的結論的東西，仍是一種臆斷。如果我有一定數目，假定為八這個數目

絕對的限度並不阻止它的各部分相對的限度之變化。如果利潤為六工資為二，工資可

以增加至六利潤可以減少至二而全額仍然是八。照這樣看起來，固定的生產額決不能

證明工資額也是固定的。我們的朋友威斯頓怎樣證明這種固定性呢？不過強斷而已。

即令承認他的論斷，但是這種論斷對於兩方面都可適用而他只向一方面推論如

果工資底額是一種不變的數那末它就不能增加也就不能減少。如果工人強使工資暫

時地增加的行為是愚蠢的，那末資本家強使工資暫時地低落的行為也是一樣愚蠢的。

我們的朋友威斯頓並不否認工人在某種狀況下能夠強使工資增加的事實，但是工資

7

額既然是固定的，跟着必定發生一種反動在他方面，威氏又知道資本家能夠強使工資低落，並且事實上在繼續強制地這樣做。依照工資不變的原則在這種情形之下應當和前面的情形一樣發生一種反動。所以工人對於減少工資的企圖或行爲予以抵抗是一種正當的行爲；所以他們力促工資的增加也是一種正當的行爲，因爲每種抵抗工資下降的反動就是一種增加工資的行動所以就是依照威氏自己的工資不變底原則，工人在某種狀況之下也應當聯合爲增加工資而鬥爭。

如果他否認這種結論他就必須放棄這種結論所自出的前提他不應該說工資額是一種不變的量他應該說工資額雖不能夠增加，並且必不可增加但每當資本家願意減少工資額時這種工資額便能夠下降，並且必定下降。如果資本家願意以番薯而不以肉類以燕麥而不以小麥來養你們，你們必須承認他的意志是一種政治經濟學的法則，並且必須服從它。如果一國的工資率高於別一國，例如美國高於英國，你們必須以美國資本家和英國資本家的意志不同去解釋這種工資率的不同，這種方法確實不獨使經

利潤與格價值價　　　　　　　　　　　　　　　　8

濟現象的研究很簡便，並且使其他一切現象的研究很簡便。

但是即令在這種情形之下，我們還可以問美國資本家底意志為什麼不同於英國

資本家底意志呢？你們答覆這種問題時必定要超出意志的範圍以外或者有人說上帝

願意法國是這樣，願意英國是那樣。如果我叫他來解釋這種意志二元性的時候，他或將

厚顏答道上帝願意在法國有一種意志，在英國另有一種意志。但是我們的朋友威斯頓

確實不能作這樣完全否定一切推理的論斷人。

資本家的意志確實在於藎他的能力多取我們所要做的事不是談論他的意志，而

是考察他的力量他那種力量底限度和那些限度底性質。

二　生產、工資與利潤

威斯頓氏向我們宣讀的演說詞可以縮短起來。

他的一切推理總括如下：如果工人階級強迫資本階級以貨幣工資形式付出的是五先令不是四先令資本家就以商品形式回報以值四先令的東西不是值五先令的東西。在工資增加之前工人階級費四先令所買的東西，現在一定要支付五先令。為什麼有這種情形呢？資本家為什麼只以四先令的東西回報五先令呢？因為工資額是固定的。但是工資額為什麼定為值四先令的商品呢？它為什麼不定為三先令、二先令或其他數目呢？如果工資額底限度是由一種經濟的法則決定的，和資本家及工人底意志都無關係，那末，威斯頓氏所當做的第一件事是要陳述這種法則並且證明它其次。威氏還應當證明，在每個一定的時期中實際支付的工資額是完全和那種必然的工資額相符而不差離的反之，如果工資額之一定的限度是靠着資本家單單的意志或他的貪慾限度那末，

價值價格與利潤　　　　　　10

這就是一種任意的限度這種限度並沒有什麼必然。這種限度既是可以順着資本家的

意志變更的所以也是可以逆着他的意志變更的。

威斯頓氏要解釋他的學說便告訴你們說一個碗盛着一定量的湯汁由若干人分

食時調羹底寬度增加並不能產出湯汁量的增加我覺得這個例證太為愚拙了。這個例

證使我有點想起亞格利泊（Agrippa）所用的一個比喻當羅馬的平民起而反抗羅馬

的貴族之際這位貴族亞格利泊告訴他們說貴族這個肚子是養活政治體內平民這個

四肢的。亞格利泊却不能表明用食物填滿一個人的肚子可以養活別個人的四肢。至於

威斯頓氏方面他已經忘記工人從其中吃飯的碗是充滿了國民勞動底全部生產物而

妨礙他們從碗中取出較多食物的既不在乎碗底狹小又不在乎內容底缺乏只是因他

們的調羹太小了。

用什麼方法資本家能以值四先令的東西償付五個先令呢由於抬高他所出售的

商品之價格現在商品價格底提高和更常見的商品價格底變動以及商品價格的自身

是僅僅由資本家的意志而定的麼?還是相反地須有某種情形對於這種意志發生影響呢?如果不是這樣那市場價格底起跌不斷的變動便是一個不可解的謎了。

我們假定勞動生產力使用的資本和勞動或額數籍以估計生產物價值的貨幣價值都沒有起什麼變化不過工資率有了一種變化那末工資底增加怎麼能影響於商品底價格呢?就只僅是由於影響這些商品底需要和供給上的實際比例。

就全體而論工人階級把它的所得用在並且必須用在必需品上這完全是真確的。

所以工資率普遍的增加便發生必需品底需要增加,因而便發生必需品市場價格底增加。生產這些必需品的資本家,這些必需品底市場價格去補償那增加的工資。但是那些不生產必需品的資本家將怎樣呢?你們不要以為他們是少數。你們如果想想國民生產物底三分之二由五分之一的人口消耗——一個衆議院底議員,近來說那只有七分之一的人口——,你們就知道國民生產物中何等大的一部分必須生產爲奢侈品或用以交換奢侈品,你們並且就知道各種必需品中何等大的額數一定是浪費於象養僕役馬貓等等上面。我們從經驗上知道這種浪費，因必需品價格底增加時常要受很大的限制的。

但是那些不生產必需品的資本家之地位怎樣呢？他們不能因工資普遍的增加致利潤率下降，遂把他們的商品價格抬高起來藉以補償損失，因為這些商品底需要不能增多。他們的所得要減少但是他們還要從這種業已減少的所得中支付更多的去買和從前同一類數底高價必需品。但還不止此。他們的所得既然減少他們用於奢侈品的也少，因此他們對於彼此的商品之相互的需要也要減少。他們的商品價格因需要底減少就要下降。所以在這些產業部門中利潤率就要下降而這下降並不只與工資率普遍增加成單比例而且與工資率普遍增加必須品價格上升和奢侈品價格下降等成複比例。

投在各項不同的產業部門中的資本，其利潤率上的這種差別有什麼結果呢？顯然地，這個結果就是每當平均利潤率由於任何原因在各種不同的生產部門中發生差異

13
←

的時候所要發生的。資本和勞動一定將由獲利較少的部門轉入獲利更多的部門，而這種轉移的過程一定將繼續下去，一直等到某一項產業底供給已經加多到和增加的需要相等別項產業底供給已經下降到和減少的需要相等然後停止進行。這種變化完畢之時一般的利潤率在各項不同的部門中一定又相等了。這種紛亂的情形原來不過是起於各樣商品底需要和供給比例上之變動那末它的原因既然消滅，它的結果也要消滅，而各種價格也要回復到從前的水平線和平衡了。因工資上升而利潤率下降之事不限於某幾項產業部門，會變成一種普遍的現象。依我們的假設勞動生產力沒有變化生產總額也沒有變化，不過那一定的生產額要變更它的形態能了。較多部分的生產品要以必需品的形態而存在，而較少部分的生產品要以奢侈品的形態而存在或者結局是同一的，就是較少部分用以交換外國的奢侈品以其原來形態消費或者還是同一的，就是較多部分的本國生產品用作交換外國的必需品而不用做交換奢侈品所以工資普遍的增加，在市場價格一時的擾亂以後不過發生利潤率普遍的下降而各種商品底

價值價格與利潤　　　　　　　　　　　　　　　　　　14

價格並沒有何種長久的變化。

如果有人說我上邊的議論假定全部盈餘工資都花在各種必需品上面，那我就回答說這是我所做的最有利於威斯頓氏底意見的假設如果盈餘工資是花在從前非工人所消耗的物品上面他們購買力眞正的增加，那就無需乎證明。可是，他們的購買力之增加旣是僅從工資增加得來的，那末這應該和資本家購買力底減少恰恰相適應所以商品總需要就不會增加不過組成這種需要底各部分要起變化罷了。一方面的需要增加一定有別方面的需要減少和它相抵因此總需要仍然是不變的商品底市場價格也不能發生何種變化。

那末，你們就遇着這種難關：或者盈餘工資是一樣地花在一切消費品上，於是工人階級方面需要底擴大必定有資本家階級方面需要底縮小爲之抵償或者盈餘工資只花在某幾種引起市場價格一時增漲的物品上，於是某幾項產業部門中利潤率上升和別項部門中利潤率下降，將引起資本和勞動在分配上的變化，直到供給增加到適應該項產業部門中增加的需要，又減少到適應別項產業部門中減少的需要，據一方面的假定，商品底價格將不發生變化據另一方面的假定市場價格稍微變動之後商品交換價值將回復到以前水平線的原狀據這兩方面的假定，工資率普遍的上升所生之最終的結果不是別的不過是利潤率普遍下降罷了。

威斯頓氏要激動你們的想像力所以要求你們想一想英國農業工資從九先令一般增加至十八先令所要發生的種種困難他喊道試想一想必需品在需要上的大增加和必需品必然發生之驚人的漲價！農產物底價格美國雖然低於英國但是你們現在都知道美國農業勞動者平均的工資比較英國農業勞動者平均的工資多至二倍以上那末我們的朋友為什麼要撞這種警鐘呢？這不過是轉移我們面前真正的問題罷了。工資忽然從九先令漲至十八先令是忽然增加百分之百現在我們決不討論英國通常的工資率能否忽然增加百分之百。我們根本用不着談到增加的數量在各實例中這種數量必

價值價格與利潤　　　　　　　16

定是要依存和適應一定情況。我們要問的，就是工資率普遍的增加，即使只限於百分之

一，將發生怎樣的作用。

我把朋友威斯頓百分之百的增加之幻想棄去不講，請你們注意英國從一八四九

年至一八五九年所發生的工資的真正增加。

你們都知道從一八四八年以來所採用的『十小時法』或『十個半小時法』這是我

們親自看見的最大的經濟的變動之一。這是忽然的和強迫的工資增加而這不是發生於

某一地方的產業而是發生於英國賴以左右世界市場的主要產業部門。這是在特別不

順利的情況下之工資的增加。烏爾（Uer）博士西尼爾（Senior）教授和一切其他中等

階級的御用經濟學的代言人證明下——我敢說他們的理由遠勝於我們朋友威斯頓

所持的理由——這種十小時制就要撞英國產業的喪鐘，他們證明了這不僅是簡單的

工資增加而且這個工資底增加是開端並立腳於所用的勞動量底減少上面。他們力

言你們想從資本家奪去的第十二小時就正是他獲得利潤之惟一的一小時。他們危

二、生產、工資與利潤

聲聽，說積蓄底減少，價格底飛漲，市場低喪失生產底限制，結果要反應到工資上，工人最

後就要完全無法生活在實際上，他們宣稱羅伯斯比爾（Robespierre）之最高價格法

（註）和這事相比是一件小事，在某種意義上是對的。但是其結果怎樣呢？工作日雖然縮

短，而職工的貨幣工資却加多工廠所僱的職工數目大增他們的生產品之價格續繼下

降他們的勞動生產力有驚人的發展他們的商品市場前所未聞的累進的擴大。

進會（The Socier for the advancement of Science）於一八六〇年在曼澈斯特

（Manchester）開會，我在會中親自聽見牛曼（W. Newman）氏承認自己以及烏爾

博士、西尼爾和其餘許多經濟科學御用解釋者是錯的人民的直覺是對的。我說及牛曼

（註）最高價格法是一七九二年法國大革命時所頒行規定商品的一定價格限制和標準工資率這

法令的主要贊助者是那些被叫做『瘋子』的人，他們是代表城市和鄉村的貧民底利益的當甲可賓篤

（Jacoin Party）因策略關係與『瘋子』們結成一個集團之後該黨領袖羅伯斯比爾便採取了這個

法令。

——編輯部註

17

——不是牛曼（Francis Newman）教授——，因為他在經濟學上佔一個重要的位置，他是託克的物價史（Mr. Tooke's:"History of Prices"）之撰稿人和編輯人這傑作追溯物價底歷史從一七九三年起至一八五六年止。如果我們的朋友威斯頓對於固定的工資數固定的生產額勞動生產力之固定的程度資本家之固定和恆久的意志等等的固定觀念以及其他的固定論和最後目的論都是正確的，西尼爾教授的悲慘的預言就應該是對的而歐文（Robert Owen）就應該是錯的，因歐文於一千八百十六年便已宣佈普遍限制工作日是解放工人階級的第一準備步驟，他並且真正逆着世人一般的成見在紐拉拿克（New Lanark）地方的他底棉花工廠裏面獨自實行起來了。

在施行十小時法制因此引起工資增加的同一時期中，英國農業工資有普遍的增加，至於增加的理由此處不必列舉了。

為不使你們發生誤會起見我要說幾句預先的聲明，雖然這些話對於我眼前的目的並非必要。

一個人每星期得兩先令的工資，如果他的工資增至四先令，那工資率就要增至百分之百了。這種工資實際上的額數——每星期四先令——雖仍然是可憐的忍饑受寒的小數，但是把它表明出來作為一種工資率的增加，就好像一樁大事所以你們決不可為工資率中百分比的高調所炫惑。你們必須經常這樣問那原來的額數是什麼？

並且你們懂得如果有十個人每星期各得兩先令，五個人每星期各得五先令還有五個人每星期各得十一先令這二十個人每星期總共就收入一百先令或五鎊如果他們每星期的工資總數上有了增加假定為百分之二十那末五鎊就增至六鎊講起平均數我們可以說一般工資率已經增加了百分之二十，但在實際上內中十個人的工資並沒有變動一組五個人的工資只從五先令加至六先令而另一組五個人的工資則從五十五先令加至七十先令。（註一）那他們內中就有半數不能改良自己的狀況，有四分之一只能在幾不可辨的程度內改良只有其餘的四分之一才真正改善了。平均算來這二

價值價格與利潤　　　　20

十個人工資底總額增加了百分之二十,講到僱傭他們的總資本和他們所生產的商品

價格,就好像他們二十人眞是均分了平均增加的工資一般。農業勞動在英格蘭和蘇格

蘭各地方的標準工資既大不相同所以工資增加一事及於他們的影響也很不相等。

末了還有一點,就是在工資開始增加的時期中種種反面的影響也在起着作用。如

因俄羅斯戰爭(註二)而生的種種新稅和農業工人住宅極大的毀壞等事都是。

預先聲明了這些,我來進行敍述一八四九年至一八五九年英國農業工資平均率

約增至百分之四十這一件事我能夠告訴你們很多的詳細材料藉以證明我的主張,但

是照現在的目的講,我以爲把故穆爾頓(J. C. Morton)一八六〇年在倫敦文藝社

(The London Society of arts)所宣讀的用在農業中的力量(The Forces used in

十一先令增加到十四先令。

(註一)這兒五十五先令和七十先令的數字是指那一羣五個人底工資總數一羣裹每人底工資從

(註二)此處馬克思指的是克里米亞戰爭(Crimean War)。

——編輯部註

agriculture) 之謹慎的批判的論文指給你們便已夠了。穆爾頓從許多賬簿及別項可

徵信的文書中攝取各種記錄予以發表這些文書是他從住在蘇格蘭十二郡和英格蘭

三十五郡的大約一百個農民那裏徵集得來的。

依照我們朋友威斯頓的意見並且計及工廠中勞動者的工資同時的增加，一八四

九年至一八五九年的期間，農業生產品底價格應當發生一種極大的漲價。但實在的事

實是怎樣呢雖有俄羅斯戰爭和一八五四年至一八五六年接續的歉收但是英國主要

農產品小麥底平均價格在一八三八年至一八四八年之間每一夸脫（Quarter）約值

三鎊，在一八四九年至一八五九年之間每一夸脫便降至二鎊十先令了。這種情形使小

麥價格底下降至百分之十六以上而同時農業中工資平均的增加爲百分之四十在同

一時期中如果把它的尾期和它的首期相較把一八五九年和一八四九年相較則公家

給養的貧民從九十三萬四千四百十九人減至八十六萬零四百七十八人，相差爲七萬三

千九百四十九人；我承認是很小的減少在以後幾年之間這種減少又沒有了但仍然是

減少的。

我們還可以說，英國因取消『穀物條例』（The Corn Laws）的結果，從一八四九年起至一八五九年的時期中，外國穀類底輸入比較一八三八年至一八四八年的時期多出二倍以上。其結果是怎樣呢？如果依威斯頓氏的觀點，這樣對於外國市場忽然的、絕大的和繼續增加的需要，預想應使那地方農產品之價格漲至一種驚人的高度而這種增加的需要，無論是來自國外或來自國內它的影響都是相同的。實在的情形是怎樣的呢？除去收穫減少的那幾年之外，在那個時期之中穀類的大跌價為法國人時常辯論的題目；而美國人迫不得已屢次將他們多餘的生產品焚化，至於俄國呢，如果我們相信烏夸特（Urquhart）的話，俄國促起了美國的南北戰爭，因為它的農產輸出品在歐洲市場中為美國人底競爭所壓倒了。

威斯頓氏的論據要是化為抽象的形式就是：一切需要的增加常起於一定的生產額底基礎上面所以這種增加，永不能使所需的物品之供給加多但只能抬高這些物品

底貨幣價格。可是，最普通的觀察也可以看出增加的需要，有時將使商品底市場價格完

全不變動，有時將引起市場價格一時的增加，跟着是供給的增加，跟着又是價格囘低到

原來的水平，在許多場合中有時還要囘低到原來的水平以下。需要的增加無論是起於

盈餘的工資或是起於別的原因絲毫不能變更這個問題的情狀。從威斯頓氏的觀點看

起來這一般的現象和那種在工資增加的特別情形之下所發生的現象是一樣的難解

釋的。所以他的議論，對於我們所討論的問題沒有什麼特別的關係；他的論據僅僅表明

他對於「需要的增加引起供給的增加，而不能引起市場價格結局的增漲」這些法則

弄不清楚。

利與格價值價

三　工資與通貨

我們的朋友威斯頓在討論的第二天把他的舊主張換了新方式提出。他說：因貨幣

工資普遍的增加之結果，將需用更多的通貨去支付這些工資。工資通貨既是固定的，那末怎能

用固定的通貨去支付增加了的貨幣工資呢？以前的困難起於工人貨幣工資雖然增加

而工人所得到的商品額數固定現在的困難起於商品的額數固定而貨幣工資增加。不

用說你們如果不承認威氏原先的武斷，他那相因而起的困難就消滅了。

不過我要說明，這個通貨問題和我們眼前的題目沒有一點關係。

你們國家裏支付的機構比歐洲任何國家都完善得多。因受銀行制度的擴充和集

中之賜只需很少的通貨去流通同等數目的價值和辦理同等或更大數目的事業例如

講到工資一項英國工廠底勞動者每星期把他自己的工資付給商店老闆，商店老闆每

星期把這些錢送交銀行，銀行每星期把這些錢交還工廠主，工廠主再把這些錢付給工

人，如此循環不止。一個勞動者每年的工資假定爲五十二鎊，如果使用這種方法，拿一個金鎊每星期同一循環不息便可支付。就是在英格蘭支付機構也還不及蘇格蘭的完善，並且不是到處一樣完善的。舉例說罷我們看見有些農業區域照純工業區域比較起來，需要更多的通貨去流通一個小得多的價值額。

你們如果渡過海峽，就看見貨幣工資比較英國的低得多，但是在德意志爲大利瑞士和法蘭西底工資是用更多的通貨去流通的。同是一個金鎊，却不能那樣快地爲銀行所取得或那樣快地囘到產業資本家的手中所以不能以一個金鎊去流通一年的五十二鎊或須用三個金鎊去流通一年的工資二十五鎊的額數。照這樣把大陸各國和英國比較你們立即可以知道低廉的貨幣工資有可能比較高額的貨幣工資需要數目更大得多的通貨來流通而這個實際上不過是一技術問題和我們的問題完全沒有關係。

據我所知道的最正確的計算英國工人階級每年的所得可以估計爲二億五千萬鎊。這個龐大的數目大約是用三百萬鎊流通的現在假定工資增加了百分之五十，於是所需的通貨不是三百萬鎊，需要四百五十萬鎊。工人每日的用費，有很大的一部分是用銀幣和銅幣，就是說僅用輔幣這些輔幣對於金之相對的價值，和不換的紙幣一樣是用法律任意規定的，那末貨幣工資增加百分之五十充其量只須一百萬金鎊的額數的追加流通。現在藏在英蘭銀行（Bank of England）或私人銀行庫藏裏的金銀塊或硬幣形式的一百萬鎊，就要流通但是如因需要這種追加通貨而發生什麼耗損連這一百萬之追加鑄造和追加損耗所生之小小費用甚至也可以節省並且真正會節省下來你們都知道英國的通貨分為兩大類一種是各種的銀行券，商人間的交易和消費者付與商人的大宗款項中都採用這種通貨另一種通貨為金屬貨幣在零售的商業中流通這兩種通貨雖然種類不同卻是互相輔依的就是在大宗的支付中凡在五鎊以下的零數大半是金幣流通的。如果明天發行四金鎊券或三金鎊券，或二金鎊券那充滿這些流通經路的金幣即時就要被驅除，並且要流入那些因貨幣工資增加而需要它們的經路方面去。所以因工資增加百分之五十所需的另外一百萬無須再加一個金鎊也可以補充起

　　　　　　　　　　　　　　　　　　　　　　　三　工資與通貨

來。加增一種期票流通而不另發銀行券也可發生同一的效果，例如關開夏（Lanca-shire）就把這方法實行了很久。

如果工資率普遍增加百分之百——威斯頓氏假定農業工資的增加是這樣的——就會使必需品價格大漲，並且依威氏的見解會須要更大一筆得不到的通貨那末工資普遍的下降在相反的方面也要產生同樣大的影響好啦！你們都知道自一八五八年至一八六〇年是棉織工業最興旺的時期，尤以一八六〇年在商業史上是棉織工業空前的興盛時期同時別的產業部門也是最興旺的。棉織工業勞動者和別種與棉織工業有關的工人的工資在一八六〇年比較以前都高後來美國的經濟危機來到那些工資總數忽然下降降到約相當於以前的數目四分之一這如在相反方面就是增加百分之四百如果工資是從五漲至二十我們便說工資增加了百分之三百；如果工資是從二十降至五我們便說工資減少了百分之七十五但是一方面增加的數目和他方面減少的數目本是相同的就是十五先令這是工資率中一種突然的變動從來沒有見過的如果

價值價格與利潤　　　　　　　　　　　　　　　　　　28

我們不僅計算那些直接在棉織工業中作工的人，並且還計算那些間接依靠於棉織工業的人，那末這種變動牽涉到的工人數目要比農業勞動者人數多二分之一。小麥底價格曾經下降麼？一八五八年至一八六〇年三年之中小麥一夸脱每年平均的價格漲·四十七先令八辨士，一八六一年至一八六三年之中小麥一夸脱每年平均的價格為四至五十五先令十辨士。講到通貨則一八六一年造幣廠所鑄的為八六七三二三二鎊，而一八六〇年所鑄的只有三三七八，七九二鎊。這就是說一八一六年所鑄的通貨比一八六〇年所鑄多五二九四四四〇鎊，一八六一年銀行券的流通比一八六〇年少一三一九，〇〇〇鎊這是真的。現在減去此數，一八六一年所用的通貨和一八六〇年那種興盛的年歲相比較，仍然多出三九七五四四〇鎊，幾乎要多四百萬鎊；但是英蘭銀行的金塊準備不是以完全相同的比例也是以大略相近的比例同時減少了。

現在把一八六二年和一八四二年比較。除去那些流通的商品之價值和額數有絕大的增加以外單是對於英格蘭和威爾士（Wales）的鐵路所正式交付的股份、借款等資本卽達三億二千萬鎊這個數目在一八四二年就會令人難以置信。但是一八六二年和一八四二年通貨的總額仍然是幾乎相等的，在與價值——不僅是商品的價值並且還有一般貨幣交易的價值——之龐大的增如對比之下，大抵還顯出通貨遞減的傾向。要是依我們朋友威斯頓的觀點看來這便是一個不可解的謎了。

他要是對於這事略加以更深的考察就會發現除掉工資不計（並且假定工資是固定的，）那些流通的商品之價值和額數以及通常那些要清算的貨幣交易之額數是每天變化的；銀行券發行總是每天變化的那種不經貨幣的媒介而專藉期票支票登賬信用借款和銀行清算所（Clearing houses）之作用而支付的額數是每天變化的由於實在金屬通貨之需要，在市面流通的硬幣作爲準備金的或藏在銀行倉庫中的硬幣及金塊之比例是每天變化的；用於國內流通的金塊之額數和送出國外備國際流通的金塊之額數是每天變化的。他就會發現他武斷通貨固定不變，是一種極大的錯誤這是和每天的變動相矛盾的。他就會去研究那些使通貨合適於不斷變化的情況之法則不致把他對於通貨法則之錯誤的見解變成一種反對工資增加的論據了。

31

四　供給與需要

我們的朋友威斯頓承認『複習是學業之母』(Redetitlo est mater sutudiorum

）這句拉丁成語，所以他用新的方式反復他原來的武斷，說因工資增加而起的通貨緊縮會發生資本底減少以及這一類的話。我已經駁斥了他對於通貨的怪理論。再來討論

他幻想着從他所想像的通貨困窘中生出的想像的結果，我認爲是完全無用的。他以許多不同的方式反復陳述敎條他完全同一的敎條我化成它底最簡單的理論形式。

威氏討論他的問題的方法是非批判的只要舉出一點便可看出他非難工資底增加或因增加工資底結果而生的高額工資現在我要問他什麼叫高工資什麼叫低工資？

例如每星期五先令爲什麼就成爲低工資每星期二十先令爲什麼就成爲高工資如果五和二十比較是低的，那末二十和二百比較又更低了。如果一個人要作關於寒暑表的

演說他起首就講高溫度和低溫度，他不能與人以什麼知識他起首必須告訴怎樣找出

價值價格與利潤　　　　32

冰點，怎樣找出沸點，這些標準點是怎樣由自然法則決定的，並不是由寒暑表之出賣者或製造者的幻想定出來的。然而威斯頓氏關於工資和利潤不獨不能從經濟的法則中推演出這樣的標準點，甚至於不覺得有注意這些標準點的必要。工資要和一種測量它的數量之標準相比較才能夠說高低這是非常明白的，然而威氏却心滿意足地承認高低這種通行的俗語名詞，以爲這是有一定意義的。

他將不能說明爲什麼要以某數付給某數量的勞動。如果他囬答我說：『這是由供給和需要底法則規定的』我首先就要問他，供給和需要的自身是用什麼法則規定的？於是那樣囬答即刻就不足一顧。勞動底供給和需要間之關係不斷的變化勞動底市場價格也是同樣的。如果需要超過供給，工資就上升；如果供給超過需要，工資就下降；但在這些情形之中或者須用一種同盟罷工或別的方法去試驗需要和供給眞實的情形。可是，你們如果承認供給和需要是規定工資的法則，則聲言反對工資底增加便是幼稚而無效的，因爲依照你們所憑藉的至高無上的法則一時期的工資上升和一時期的工資下降，是同樣地必然而當然的。你們如果不承認供給和需要是規定工資的法則，我又要重行提出問題就是為什麼要以其數量的貨幣付給某數量的勞動？

　　但是從更廣泛的範圍來討論你們如果以為勞動或任何商品底價值都是結局由供給和需要規定的，那末你們就完全錯了。供給和需要為什麼只是規定市場價格一時的變動。供給和需要可以說明一種商品底市場價格為什麼高於它的價值或低於它的價值但是決不能說明那種價值的自身。假定供給和需要一致的，或如經濟學者所稱是彼此一致的，當需要與供給這兩個相反的力量正相等的時候，它們會使彼此都疲滯起來無論在那一方面都不發生作用。供給和需要彼此平衡因此停止作用的時候，一種商品底市場價格和它的實在價值相等並且和標準價格相等而商品底市場價格是隨着這種標準價格變動的。所以我們研究這種價值底性質的時候，便完全無須討論供給和需要對於市場價格之暫時的作用。這對於工資和對於其他一切商品價格是一樣的真實。

五　工資與價格

我們的朋友底一切議論若化爲最簡單的理論形式便融成爲一句簡單的教條，
是：『商品底價格是由工資來決定或調節的』

我可以用實際的觀察對這種陳舊的、已經推倒的謬論舉出反證來。我可以告訴你
們，英國底工廠工人礦工製船工人等等的勞動，是相對的高價但因爲他們的生產品低
價，反比別的國家售價爲賤。而英國農業勞動者底勞動是相對的低價的反因他們的生
產品高價差不多一切其他國家的農產品都賤過英國比較同一國中的物品以及各國
的商品我可以指出——除掉幾個與其是實際而寧是外表的例子以外——，平均說來，
高價的勞動產生低價的商品而低價的勞動產生高價的商品這自然不是證明一例中
的高價勞動和另一例中的低價勞動便是那些正相反對的結果各自的原因但是這無
論如何足以證明商品底價格不是由勞動底價格支配的。不過我們用這種經驗的方法

來證明這一點眞是十分多餘的事。

大家或者會否認威斯頓氏曾提出『商品底價格是由工資來決定或調節的』這個教條，實際上他從沒有把它公式化。却正相反他說利潤和地租也形成商品價格底基本的組成部分，因爲不僅工人底工資，就是資本家底利潤和地主底地租也非從商品底價格中支付不可。但是他以爲價格是怎樣形成的呢？最初是由工資其次在價格中替資本家另加百分之幾，再替地主又加百分之幾。現在假定在生產一種商品中所費的勞動底工資爲十，如果利潤率對於支出工資爲百分之百，資本家要加上十，如果地租率對於工資也是百分之百又要再加十那末商品總共的價格就是三十。但是這樣的決定價格，就不過僅是由工資決定罷了。如果上面的工資漲至二十，商品底價格就要增至六十，其餘可由此類推。所以一般老朽的政治經濟學者闡明工資規定價格的教條力言利潤和地租不過是工資上所加的百分之幾，藉以證明這種教條是正確的，他們自然沒有一個能把那些百分之幾的限度推演成一種經濟的法則。反之，他們似乎以爲利潤是由傳統、習慣、資本家的志願決定的，或是由別種同樣武斷和難解的方法決定的，如果他們斷定利潤是由資本家相互的競爭決定的，他們卻沒有說明這種競爭的確可以使各種不同的事業中的利潤率趨於相等或是使那些利潤率趨於一種平均的水平線上，但是這種競爭決不能決定利潤水平的本身，或一般的利潤率。

我們說商品底價格是由工資決定，這是什麼意思呢？工資既僅爲勞動價格底別名，那就是商品底價格由勞動價格規定的意思。『價格』既是交換價值──我所說的價值都是指交換價值──，既是用貨幣表現出來的交換價值那末命題的推論就是『商品底價值是由勞動底價值決定的』，或是說『勞動底價值是價值底一般尺度』。

但是『勞動底價值』自身是怎樣決定的呢？我們到此處便停頓了。我們如果想依邏輯的方法去從事推理，就會停頓起來。但是提出這種教條的人把邏輯上的躊躇輕率地處理了。例如就我們的朋友威斯頓來看，他起初告訴我們，說工資規定商品底價格所以工資增加價格也定要增加的。接着他又掉轉方向向我們說明，工資底增加是沒有好處的因為商品底價格已經增加了。工資實際是以工資所能買來的商品底價格來測量的。因此我們由勞動底價值決定商品底價值出發我們得到了商品底價值決定勞動底價值的結論因此我們在這個最糊塗的循環論裏轉來轉去畢竟得不到結果。

總之，我們用一種商品——例如勞動穀類或別的商品——底價值做價值的一般尺度或準則我們顯然只躱避了難關因為我們以一種價值由別種價值來決定而這價值的本身，又需要被決定的。

『工資決定商品底價格』這種敎條用它的最抽象的語法表明出來，就是『價值是由價值決定的』而這種重複語就表示我們在實際上對於價值毫不知道如承認這個前提，凡政治經濟學上一般法則之推理便變成單單的囈語了。李嘉圖（Ricardo）於一八一七年刊行他的政治經濟學原理他的大功勞就是在這部書中從根本上打破了『工資決定價格』這種陳舊的流俗的和腐敗的謬說亞當斯密（Adam Smith）和其法國的先驅者在他們著作中眞正科學的部分已經排斥了這種謬說，但是他們却又使這

價值價格與利潤

38

種謬說再現於他們著作中更淺顯、更庸俗的章節裏了。

六　價值與勞動

公民諸君，講到這裏，我現在必須更進而實際地發揮這個問題。我不能夠一定很滿足地做到，因為這樣做我就要涉及政治經濟學的全部範圍。我只能如法國人所謂將主要各點稍微談一談。

我們要提出的第一個問題是：一種商品底價值是什麼？它是怎樣決定的？

乍一看似乎一種商品底價值是一種十分相對的東西，若不顧及一種商品和其他一切商品間的關係，便不能決定商品底價值似的。其實講到價值講到一種商品底交換價值我們就是指一種商品與其他一切商品交換時之比例的數量但是現在又發生一個問題，就是各種商品彼此交換的比例是怎樣規定的？

我們從經驗上知道這些比例有無限的差別。例如小麥這一宗商品……夸脫小麥和各種不同的商品交換差不多有無數不同的比例。但是小麥底價值無論用絲或金或別的商品表現出來，總是相同的；它一定是一種與這些和各種不同物品交換的不同的交換率毫不相干的獨立的東西用一種很不相同的方式來表現與各種商品的各種等值，一定是可能的。

倘若我說一夸脫小麥以某種比例與鐵交換，或是說一夸脫小麥底價值是以鐵的某種分量表現的，那就是說小麥底價值和它在鐵上的等價物等於某種第三種東西——這種東西既不是小麥又不是鐵——，因為我假定小麥和鐵是以兩種不同的形態來表現這同一數量的。所以無論是小麥或鐵——他們是彼此不相連屬的——，都必定可以化成他們共通尺度的這個第三種東西。

我要用一個很簡單的幾何學上的例證來解釋這一點。我們比較一切形式和大小的三角形面積時或是比較三角形與矩形或任何其他直線形時，是怎樣着手呢？我們將任何一個三角形底面積還元爲一種和它底外形很不相同的表現我們既然由三角形的性質上發見它的面積是等於它的底邊和高相乘數之半，我們於是便能比較一切種類三角形不同的價值，並且能比較一切直線形不同的價值，因爲這些直線形都可以分解爲一定數目的三角形。

求商品的價值也要照同樣的方法進行，我們必須能把一切商品還元爲一種共同的表現並且只能以他們所含這種同一尺度底比例數去分別他們。

商品底交換價值既只是這些東西之社會的機能與它們的自然的性質完全無關，那末我們第一就當問，一切商品之共通的質質是什麼？那就是勞動。要生產一種商品必須有一定量的勞動加在上面或花費在上面。而且我說不僅是勞動還是社會的勞動。一個人爲自己直接使用，歸自己消費而生產的物品就是造成一種生產品而不是一種商品。他是一個自給的生產者，與社會沒有關係。但是要生產一種商品一個人不僅要生產一種東西去滿足某種社會的需要，而他的勞動自身也必定形成社會所費的勞動總額之一部分這種勞動必須附屬於社會內的分工。倘若沒有別的分工，這種勞動便不能存在，而這種勞動又是補充分工的。

我們如果把商品當作價值看時我們只是在實現的、固定的、或所謂結晶的社會的勞動這單一的觀點來看這些商品從這種觀點看來各種商品的區別點只在代表更大的或更小的勞動量，例如製造一條絲手巾比做一塊磚要費更大的勞動量。但是勞動量是怎樣測定呢？就是以勞動所經的時間為標準用時日等等測定勞動應用這種尺度，一切種類的勞動都還元為它的單位——平均勞動或單純勞動了。

所以我們便得到下面的結論：一種商品有一種價值，因為它是社會的勞動底結晶。商品價值底大或其相對的價值，要靠着商品中所含的社會的實質之數量底大小這就是說，要靠着商品底生產所必需之相對的勞動量。所以商品之相對的價值是由各個商品中所費去的實現的和固定的勞動量決定的。凡以同一勞動時間所生產的商品之各個數量是相等的或者說，一種商品底價值與別種商品底價值的關係，正是一種商品中固定的勞動量與別種商品中固定的勞動量的關係。

我想你們有許多人一定要問用工資決定商品價值和用商品底生產所必需之相

43

對的勞動量決定商品價值其間真正有什麼大分別麼？但是你們必須注意勞動的報酬

和勞動量是很不相同的東西例如假定一夸脫小麥和一溫司金子所固定的是同量的

勞動我舉出這個例因為這是佛蘭克林（B.Franklin）在他的第一次論文裏面曾經用

過的這篇論文是一七二一年刊印題為紙幣底性質和必要平議他是首先發見價值的

真性質的一人我們現在假定一夸脫小麥和一溫司金子有同等的價值或是等價物，因

為它們是各固定在自身裏面許多天或許多星期之平均勞動之相等量底結晶我們這

樣決定金子和穀類相對的價值有一點是以僱農和礦工底工資為根據麼？一點也沒有。

他們每天或每星期的勞動是怎樣報酬的，甚至於是否完全使用了僱傭勞動我們都不

問。如果使用了工資也許是極不相等的。把勞動實現在一夸脫小麥上的那勞動者或只

獲得兩斛（Bushel）小麥而那個開礦的勞動者也許只獲得半溫司金子的報酬。假

定他們的工資是相等的，那末這工資也可以與他們所生產的商品價值在種種可能

的比例上是不同的。他們的工資或等於一夸脫穀類和一溫司金子的半數，或三分之一、

或四分之一或五分之一或任何比例的一部分。他們的工資，自然不能超過或多於他們所生產的商品底價值但是這些工資却可以以一切可能的程度少於他們所生產的商品價值。他們的工資要受他們生產品底價值之限制但是他們生產品底價值却不受工資底限制還有一層頂要緊的，價值例如小麥和金子底相對的價值如何决定，對於所用的勞動底價值，就是工資是毫不顧及的。所以依其中固定的相對的勞動量去决定商品底價值和依勞動底價值或工資去决定商品價值這種重複的語法是很不相同的但這一點在我們的討論進行中以後還要加以解釋。

我們計算一種商品底交換價值，必須把從前用在這種商品底原料中的勞動量以及費在幫助這種勞動之器具工具機器和廠屋上的勞動。加在最後所費的勞動量上面。

例如若干棉紗底價值，是紡績過程中施於棉花的勞動量從前實施於棉花自身的勞動量實施於煤炭油和別種輔助材料的勞動量以及固定於汽機紡錘工廠建築等等的勞動量之結晶固有意義的生產工具如工具機器和廠屋在反復的生產過程中，可以機續使用一個較長或較短的時期。如果生產工具像原料樣是即刻用完的，那末，他們的全部價值也即就轉移到賴他們幫助而生產的商品上面。但例如紡錘既只是逐漸消耗的東西，那末便根據紡錘所繼續的平均時間和它在一定時期內——假定爲一天——的平均消耗，作成一種計算。我們依這種方法去計算費在一磅棉花上的勞動總量有多少是轉移於每天所紡的棉紗上因此也用這種方法去計算紡錘底價值有多少是由於前用在紡錘上的勞動量構成的。就我們現在的目的而論無須再討論這一點了。

如果商品底價值是依生產它所需的勞動量決定的，似乎一個人愈加懶惰或愈加呆笨，他的商品便愈有價值，因爲他完成這種商品所需的勞動時間愈加長久的緣故但是這是一種嚴重的錯誤。你們記得我曾經用過『社會的勞動』這個名詞有許多要點就包含在『社會的』這個形容詞裏面。說一種商品底價值是由費在或結晶在這種商品中的勞動量而決定我們是指在某種社會情況裏在某種社會的平均生產條件之下在所用勞動之一定的社會平均強度和平均熟練之下生產這種商品所必需的勞動量。

價值價格與利潤　　　　　　　　　　　　　　46

英國常機織機出來和手織機競爭之時把一定量的棉紗織成一碼布只需從前一半的勞動時間，可憐的手織機工從前每天只做九小時或十小時的工，到了現在每天作工十七或十八小時，但是他二十小時的勞動生產品只能代表十小時的社會的勞動，或是代表十小時的把若干棉紗織成布四時的社會必要勞動，所以這個織工現在費二十小時的生產品比較他從前費十小時的生產品不能有更大的價值。

如果商品中實現的社會的必要勞動量規定商品的交換價值，那末生產一種商品所需要的勞動量增加，必定增加它的價值，就如同生產一種商品所需要的勞動量減少，必定減少它的價值一樣。

如果生產各種商品所必需的各種勞動量不變，商品相對的價值也是不變的。但是事情卻不如此。生產一種商品所必需的勞動量，是隨着所用的勞動底生產力的變化而變化的。勞動底生產力愈大，在一定的勞動時間內所完成的生產品也愈多；勞動底生產力愈小，在同一時間內所完成的生產品也就愈少。舉例說：如因人口發達，必須耕種不甚

價值價格與利潤

肥沃的土地那末要同樣多的生產品只有用一種更大的勞動量才能得到而農產品底

價值因此也要上升。從他方面講來如果紡紗者應用現代生產手段在一個工作日中把

棉花紡成棉紗比他從前在同一時間內用手紡車所紡的紗多至好幾千倍那末每一磅

棉花比較從前將少吸收好幾千倍紡紗的勞動，結果因紡紗而加於每一磅棉花上的價

值也將比較從前少一千倍這是顯然易見的棉紗底價值也將因此下降。

勞動底生產力，除各人不同的自然的能力和所學到的工作能力外主要地要靠：

一，勞動底自然條件如土地底肥沃礦山底豐富等。

二，社會的勞動力底繼續進步，這種進步是由下列諸事產生的：大規模的生產，資本

的集積，勞動的結合，細密的分工，機器改良的方法，化學力和別種自然力的應用，藉交

和運輸的手段之縮短時間和距離以及其他科學藉以驅使自然力為勞動服役勞動的

社會性或協力性得以發達的種種設計勞動底生產力愈大加於一定量的生產品上的

勞動愈少；因此生產品的價值也愈小勞動的生產力愈小，加於同量生產品上的勞動愈

多；因此生產品底價值也愈大所以我們可以把這定爲一種一般的法則：

商品的價值與生產中所費的勞動時間成正比例，而與所費的勞動底生產力成反比例。

以上只講過價值，我對於價格再講幾句。價格就是價值底一種特別形態。

就價格本身講它不是別的，不過是價值之貨幣的表現。例如英國一切商品底價值是用金價格表現出來的，而在歐洲大陸一切商品底價值主要地是用銀價格表現出來的。金或銀底價值和其它一切商品底價值一樣，都是由採取它們所需的勞動量規定的。

你們用本國的若干生產品——其中有你們國內若干勞動量結晶在裏面——去交換產金銀的國家之生產品——其中也有他們國內若干勞動量結晶在裏面。你們用這個方法實際上就是用物物交換才學會用金銀來表現一切商品底價值，這價值就是用於商品上的各勞動量。把價值之貨幣的表現換言之就是把價值向價格的轉變稍微詳細地考察一下，你們就發見這是給一切商品底價值以一種獨立的同質的形態底或是表現一切商品底價值爲相等的社會的勞動量底一個過程。價格既然只是價值之貨幣的表現所以亞當・斯密稱爲自然價格（Na'ural price）法國的重農學派稱爲「必要價格」（Prixnecessaire）。

那末，價值和市場價格底關係或自然價格和市場價格底關係是怎樣呢？你們都知道生產條件雖因個別的生產者而有所不同，但是同種類的一切商品底市場價格却是一樣的。市場價格只表現在生產的平均條件之下供給市場以某數量的某種物品所必需之社會的勞動底平均量這種計算是以某種商品底全部爲根據的。

在這樣範圍內，一種商品底市場價格是和它的價值一致的；另一方面，市場價格底變動，有時高於商品底價值或自然價格，有時低於商品底價值或自然價格，是以供給和需要底變動爲轉移的。市場價格和商品底價值或自然價格相差異是繼續不斷的，但是如亞當・斯密所說的一樣：『自然價格是中心價格，一切商品底價格是不斷的以它爲重心的種種偶然的事故或有時使商品底價格遠高過於中心價格，有時或使商品底價格甚至於略

利潤與格價值價　　　　　　　　50

低於中心價格。但是無論那些妨礙商品價格使它們不能停在這種安靜相恆久的中心

之障礙如何，市場價格是時常傾向這個中心點的』

我現在不能細細考究這椿事總之供給和需要如果彼此平衡，商品底市場價格就

和它們的自然價格一致，這就是說要和其生產所必需之各勞動量所決定的價值一致。

供給和需要底平衡雖只由於變動相繼即昂貴由下落和下落由昂貴來互相補償，但是

供給和需要必定是不斷的傾向於彼此平衡的。如果你們分析較長期間的市場價格運

動而不單單觀察每天的變動例如像記克在他的物價史（History of Prices）裏面曾

經做過的那樣你們就會發見市場價格底變動，它們和價值底差異以及它們的上升和

下降是互相趾制互相補償的；所以除獨佔事業和某些限制的影響以外——我現在不

能討論這些——一切種類的商品平均都是按着它們各自的價值或自然價格出售的。

在市場價格底變動互相補償的平均時期因商品的種類不同而有差異，因為有些商品

比較其他商品供給適合於需要要容易些。

廣闊地說起來，並包括略長的時期說起來，如果一切種類的商品按着它們各自的

價值出售則假定利潤——並不是個別情形中的利潤而是各業經常的和普通的利潤

——是起於抬高商品底價格或是起於出售時超過商品價值底價格便是無意義的話

這個觀念如果一般化起來它的荒謬便顯然可見。一個人以賣者的資格所經常得到的，

將以買者的資格同樣經常失去。如果說有些人是買者而非賣者或是消費者而非生產

者，這是不對的。這些人付給生產者的東西，必須首先從生產者無代價得來如果一個人

首先拿了你們的貨幣，後來將那貨幣來買你的商品，你們就是將你們的商品以重價賣

給他，你們也決不能致富。這種交易或可減少一種損失，但是決不能幫助獲得一種利潤。

所以你們要說明利潤底一般的性質，必須從基本理論出發就是，平均起來，商品是

按着它們真正的價值出售的，利潤是按商品底價值出賣商品得來的，就是說以商品中

所實費的勞動量爲準則出賣商品得來的。你們如果不能在這種假定之下解釋利潤你

們就完全不能解釋它。這似乎是一種奇談，和日常的觀察相反。但是地球繞日而行以及

價值價格與利潤

水中兩種極易燃燒的氣體而成，也都是奇談。日常的經驗所接觸的事物，愚迷亂的現象，如果以這種經驗去判斷科學的眞理，眞理就永遠是奇談了。

七　勞動力 (Labourign Power)（註）

在這能這樣簡單地分析了價值的性質、一切商品底價值之性質以後，我們現在必須轉而研究那種特別的勞動底價值。我又要用一種好像奇談的話來驚訝你們，你們都確實以為他們每天所出賣的是勞動，所以勞動有一種價格；商品底價格既只是其價值之貨幣的表現，那末一定也有勞動底價值存在但是在普通所承認的名詞裏却沒有勞動底價值這種東西我們已經知道商品裏所結晶的必要勞動量形成價值。現在應用這價值底概念，我們怎樣能替一個十小時工作日的價值下一種決定呢？一工作日含有多少勞動呢？十小時勞動如果說一個十小時工作日的勞動等於十小時的勞動或是等於這一日所含的勞動量這是一種重複的話也是一種無意義的表現。我們一旦發見了「勞動底價值」這表現之真實而隱藏的意義之後，自然能夠解釋這種不合理的似乎不

（註）資本論的英譯文作 Labour Power

——編輯部註

価値價格与利潤　　　　　　　　　　　　　　　　　　54

可能的價值之應用，好像我們一旦確定了天體實際的運動就能夠說明它們表面的或只是現象的運動一般。

工人出賣的東西並不直接是他的勞動，而是他的勞動力，他以這種勞動力讓給資本家暫時聽其處置情形多半是如此我雖不知道英國底法律若何但我確知有些歐洲大陸國家底法律規定了一種最大限度的時間准一個人在這種限度內出賣他的勞動力。如果允許無期限地出賣勞動力奴隸制就立刻恢復了。例如這種出賣的事如果包括他一生的時間，即刻就要使他成爲他的僱主底終身奴隸。

霍布斯（T. Hobbes）是英國最老的經濟學家和最富創造精神的哲學家之一，他在巨靈（Leviathan）這著作裏面已經直覺地說到所有後進者忽視的這一點。他說：「一個人的價值或所值像其他一切東西一樣就是他的價格就是對於他的能力的使用所應付給的數目」

我們從這基礎向前推論，便能夠決定勞動底價值，和決定其它一切商品底價值一樣。

但是在這以前，我們可以問：我們看見市場上有一羣買者據有土地機器、原料和生活資料這些東西除掉原始狀態的土地之外都是勞動底生產品而在另一方面又有一羣賣者他們除掉他們的勞動力他們作工的手腕和腦筋之外沒有別的東西可賣——這種怪現象是怎樣起來的呢？一羣人因為要獲得利潤使他們致富就繼續買入而其他一羣人因為要謀生活就繼續賣出這種怪現象又是怎樣起來的呢？但是研究這個問題，就是研究經濟學家叫做『先期的或原始的積蓄』的，但這實應稱為原始的結合分會發見這種所謂原始的積蓄不是別的，只是引起勞動者和其勞動工具原始的結合分解的一串歷史過程可是這種的研究却超出我現在這個題目底範圍之外了。勞動者和勞動工具底分離一旦成立，這樣的情況就繼續存在，並且繼續增多地再生產，一直等到一種新的根本的生產方式革命才把它再推翻而以一種新的歷史的形式恢復那種原始的結合。

價值價格與利潤

那末，勞動力底價值是什麼呢?

勞動力底價值像別的商品底價值一樣，是由生產它所必需的勞動量決定的。

人底勞動力只在他個體生存的時候存在。一個人成長和維持生活必須消費若干必需品。但是人和機器一樣是會歸於無用的，必須另有人去補充他。除他自己維持生活所必需的必需品以外他還要若干必需品去養育幾個子女在勞動市場中代替他並且延續勞動者的族類。還有一層要發展他的勞動力，求得一種技能，必須另外花費若干價值就我們的論題而言只要考究平均的勞動就夠了這種勞動底教育和發達的費用是無足輕重的數量但是生產各種不同性質的勞動力底費用既然不同各種不同的事業僱用的勞動力底價值一定也是不同的。關於這一點我必須乘此機會說出來。所以要求工資平等的呼聲是根本錯誤的。這是一種瘋狂的願望決不能實現的。世間有一種虛偽膚淺的激進論既承認前提又想避去結論那種呼聲就是這種激進論底產物。在工資制度底基礎上勞動力底價值之決定和其他商品底價值之決定是一樣的種類不同底勞動分

既有不同的價值，或他們的生產需要不同的勞動量，所以他們在勞動市場中必定發得

不同的價格在工資制度底基礎上大聲疾呼要求相等的或是公平的報酬就和在奴隸

制度底基礎上大聲疾呼要求自由一樣你們視爲公道或公平的東西是題外的話問題

在於：一種已定的生產制度所必須的和不可免的東西是什麼？

　　從以上說過的看起來，便知道勞動力底價值是由生產發展、維持和延續勞動力所

需之必需品底價值決定的。

八　剩餘價值底生產

現在假定一個勞動者每日必需品底平均量須有六小時的平均勞動才能生產出

來，又假定六小時的平均勞動用金寸的量表現出來等於三先令。於是三個先令就是那

個勞動者勞動力底價格或其勞動力底每日價值之貨幣的表現。如果他每天做工六小

時他每天必定生產一種價值足以購買他每天必需品的平均量或是足以維持他自己，

一個勞動者的生活。

但是我們的工人是一個工資勞動者，所以他必須把他的勞動力賣給一個資本家。

如果他把他的勞動力每天賣三先令每星期賣十八先令他是按其價值賣的假定他是

一個紡紗的工人，如果他每天做工六小時他每天對於棉花就加上了一種三先令的價

值。他每天所加的這種價值對於他每天所受的工資——勞動力底價格——恰恰是等

價的，如果是這個情形便沒有任何剩餘價值或剩餘生產品歸於資本家我們於此便遇

價值價格與利潤

着一個難關。

資本家購置工人底勞動力付了它的價值以後，就像購買一切其他商品的人一樣，已取得了一種消毀或使用他所買的商品之權力。你們令一個人去作工以消費或使用他底勞動力好像你們開動一架機器去消費或運用它一樣所以資本家購買了工人勞動力底每天或每星期的價值在那一整天或一星期之中，他已經獲得使用這種勞動力或使它作工的權力工作日或工作週自然有一點限制這些限制我們以後再更詳細考究。

現在我希望你們一個要點要注意。

勞動力底價值是由維持或再生產這種力所必需的勞動量決定的，但勞動力的使用只有受勞動者活動的精力和肉體的氣力限制勞動力每天或每星期底價值和這種力每天或每星期底連用是很有區別的好像一匹馬所需的食料和它能夠載騎者的時間是有區別的一樣限制工人勞動力底價值的勞動量決不能對於工人底勞動力所能

運用的勞動量作一種限制現在用紡紗工人爲例我們已經知道要每天再生產他的勞

動力他每天就必須再生產一種三先令的價值每天作工六小時他就可以做到這一層。

但是這樁事並不能阻止他每天作十二小時或多於十二小時的工。然而資本家

因付給這個紡紗工人底勞動力以每天或每星期的價值，就取得了整天或整星期使用

這種勞動力之權所以他就使這個工人每天——例如——作工十二小時紡紗工人除

價還他的工資或他的勞動力底價值所需之六小時以外他還須作工另外六小時這種

時間我稱爲剩餘勞動的時間。這種剩餘勞動將實現爲一種剩餘價值和一種剩餘生產

品。例如說假若我們的紡紗工人每天六小時的勞動要對於棉花增加三先令的價值——

——這種價值和他的工資是精確的等價——，那他在十二小時內對於棉花就增加了六

先令的價值並且生產相當的剩餘紡紗。他既然把他的勞動力賣給了一個資本家，他所

創造的全部價值或生產品便都屬於資本家這個資本家就是他的勞動力底暫時所有

者所以資本家付出三先令實現一種六先令的價值他付出的價值是六小時的勞動底

結晶，但是他收回的價值是十二小時勞動底結晶資本家每天以同樣的方法進行，每天付出的是三先令收入的是六先令這六個先令中有一半將再付工資其他一半將構成一種剩餘價值而資本家對於這種價值並沒有付出任何的等價資本家的生產或工資制度就是以這種資本和勞動間之交換為基礎而其結果必定不斷地把工人當作工人、把資本家當作資本家再生產出來。

如果其他一切情形都一樣剩餘價值率就要依靠那種再生產勞動力的價值所必需的工作日之一部和那種替資本家效力的剩餘時間或剩餘勞動之間的比例為準則。

所以剩餘價值率要依靠工作日延長超過這種限度——工人在這限度內工作只能再生產他的勞動力價值或抵償他的工資——的比例而定。

價值價格與利潤

九　勞動底價值

我們現在必須囘到『勞動底價值或價格』這個表現。

我們已經知道實際上勞動底價值不過是勞動力底價值，以維持這勞動力所必需的商品之價值來測定的。但是工人從事勞動之後既獲得他的工資並且知道他實際給與資本家的東西就是他的勞動，所以他必然以爲他的勞動力底價值或價格似乎就是他的勞動本身底價格或價值。如果他的勞動力底價格是三先令——這是六小時勞動所實現的——而他作工十二點鐘他必以爲三個先令就是十二點鐘勞動底價值或價格，可是這十二點鐘的勞動所實現的卻是一種六先令的價值這一點便生出了兩重的結果：

第一嚴格說起來勞動的價值和價格雖是無意義的名詞，但是勞動力底價值或價格却採取着勞動自身底價格或價值的外觀。

第二雖然工人每天的勞動只有一部分是有償·的其他一部分是沒有償·的同時這種無償·的或剩餘的勞動雖恰恰構成剩餘價值或利潤所由形成的原本但全部的勞動似乎都是有償的勞動似的。

這種虛僞的外觀，就是僱傭勞動和勞動底其他歷史的形態不同之處。在工資制度底基礎上甚至於無償·的勞動也似乎是有償的勞動反之奴隸底一部分有償的勞動卻似乎是無償·的。一個奴隸因爲要作工自然必須生活，而他的工作日的一部分就用於抵償他自己維持生活的價值，但是他和他的主人間既沒有契約，兩方又沒有買賣的行爲，所以他的勞動似乎都是白丟了的。

再取農奴爲例，我可以說農奴在整個東歐直到最近仍然是存在的。農奴在他自己的或分派給他的田地中作工三天以後的三天他就要在他主人田地中從事於強迫的無償的勞動於是勞動有償的和無償的部分是明明白白地分開了，在時間上和空間上都分開了；我們的自由主義者，對於使一個人無報酬而作工這種背理的意見，也充滿了道德上的忿怒。

但是實際上，無論一個人是一星期中在他自己的田地中爲他自己作工三天，再在他主人田地中無報酬地作工三天或是在工廠或作坊中每天替他自己作工六小時再替他的僱主作工六小時結果都是相同的，不過在後一例中勞動之有償的和無償的部分是不分地彼此混在一起整個交易底性質完全被一種契約的存在和每星期終所得的報酬所掩飾罷了。這種無報酬的勞動在後一個例中似乎是自願給與的，在前一個例中似乎是强迫給與的。不同在此。

在用『勞動底價值』這個名詞時我只是把它當作『勞動力底價值』之俚俗語來用而已。

一〇　利潤是由商品按照它的價值出賣而取得的

假定一小時的平均勞動實現爲等於六辨士底價值，或是十二小時的平均勞動實現爲六先令，又假定勞動底價值爲三先令或六小時勞動底產物。那末如果一種商品費去的原料機器等之中實現了二十四點鐘的平均勞動，於那些生產手段上面這十二小時一定實現爲六先令的附加價值。所以這種生產品底全部價值就等於三十六小時實現的勞動，等於十八先令。但是勞動底價值，或付給工人的工資，只有三先令，所以資本家對於工人所做的並且實現於商品價值裏面的六小時剩餘勞動，並沒有償付任何等價；所以資本家照這種商品的價值賣十八先令他實現了三先令的價值，對於這種價值他並沒有付出等價。這三個先令，就是他所中飽的剩餘價值或利潤。所以資本家按照商品真正的價值出賣商品就實現三先令的利潤，並不是因爲他所賣的商品價格超過商品

66

價值。

一種商品底價值，是由該商品所含的勞動總量決定的。但是這種勞動量的一部分實現成一種價值，對這種價值以工資的形式付給了一種等價；還有一部分價值沒有被付以任何等價。商品中所含的勞動有一部分是有價的勞動，還有一部分是無償的勞動。所以資本家按照商品底價值——就是按照加於商品上的勞動總量底結晶——出售商品，必定獲得一種利潤。他不僅賣了他曾經費去等價的東西並且還賣了他未費分文的東西，可是這東西卻費去了他的工人底勞動商品的真正原費和資本家底原費是不相同的。所以我反復地說，正常的平均的利潤，不是由於出賣商品超過他們的價值得來的，而是由於按照他們的真正價值出賣商品得來的。

67

一一　剩餘價值所分解成的各部分

剩餘價值或是商品全部價值中所實現的工人底剩餘勞動或無償勞動的那一部分,我稱爲利潤,這種利潤的全部不是爲僱用工人的資本家所獨得的地主獨佔土地,無論這土地是用於農業上、建築鐵路或其他生產目的,他都以地租的名義取得剩餘價值底一部分,另一方面據有勞動工具僱用工人的資本家生產一種剩餘價值——換言之,奪取若干無償勞動的這種事實便能使勞動手段底所有者將此等工具底全部或部分地租給僱用工人的資本家簡言之即使借貸資本家以利息的名義獲得剩餘價值底又一部分,故餘留給僱用工人的資本家之部分只是所謂產業利潤或商業利潤而已。

這三個範疇人由什麼法則分割剩餘價值底總額這個問題是遠出於我們的主題之外,但是從上面所說可以得出這樣的結論。

地租利息和產業利潤不過是商品底剩餘價值或商品中所含無償勞動之不同部

分的不同名稱罷了它們都是同樣從這個來源並且從這惟一的來源產生的。它們不是

從土地本身或資本本身出來的，但是土地和資本能使它們底所有者從僱用工人的資

本家壓榨勞動者所得來的剩餘價值中各分得一分。勞動者底剩餘勞動或無償勞動底

結果之剩餘價值或是全然僱用工人的資本家所得或是這資本家迫不得已用地租和

利息的名義以其一部分給第三者——這對於勞動者是沒有多大緊要的。假定僱用工

人的資本家只用自己的資本並且自己就是地主那末全部剩餘價值就歸他所得了。

直接向勞動者榨取剩餘價值的乃是僱用工人的資本家，不管他自己到底可以保

持這剩餘價值的那個部分所以整個工資制度和現在整個生產制度完全是以僱用工

人的資本家和僱用工人間的關係為樞紐因此，有些參預我們討論的人說，在某種情形

之下，價格的上升影響僱用工人的資本家地主借貸資本家或者徵稅者的程度，極不一

致，——這種話是很對的，但他們想要抹煞事實把僱用工人的資本家和工人間這種根

本關係作為一個次要的問題，那就錯了。

從上文所說的還可推論出另一結果。

商品價值中只代表原料機器之價值的那一部分，就是只代表消耗了的生產手段之價值的那一部分並沒有構成任何收入不過補償了資本而已。但是除掉這一部分不講說構成收入的那一部分商品價值，或可以以工資利潤地租利息的形式花費掉的別一部分商品價值是由工資底價值地租底價值和利潤的價值等等所構成，也是錯誤的。

我們先不論工資只討論產業利潤利息和地租我們上文說過商品中所含的剩餘價值或商品價值中實現無償勞動的那一部分價值要分解成不同的部分有三種不同的名稱。

如果說商品底價值是由於這三個組成部份底獨立價值相加而成那就和與理十分相反了。

如果一小時的勞動實現為一種六辨士的價值，如果勞動者的工作日含有十二小時，如果這種時間裏面的一半是無償的勞動那末這種剩餘勞動對於商品將加上一種三先令的剩餘價值這就是一種沒有被付以等價物的價值這種三先令的剩餘價值稱

成僱用工人的資本家可以依任何比例和地主及債主分配的全部原本。這三個先令的

價值構成他們之間分配的價值之限度但並不是僱用工人的資本家任商品底價值上

隨意加上一種價值作他的利潤又加上一種價值給地主等然後這些隨意規定的價值

相加起來就構成全部價值通俗的見解把某種價值之分解爲三部分和三種獨立的價

值相加而構成這個價值沒有分別清楚於是把這種總價值——地租利潤和利息都是

由這種取得的——變成一種隨意規定的數量——你們現在知道這種意見是謬誤的

了。

如果一個資本家所實現的總利潤等於一百鎊，我們便稱這種數目——把它視爲

一種絕對數量——爲利潤額。但是我們如果計算這一百鎊對於所投的資本之比例，我

們就稱這種相對的數量爲利潤率。這種利潤率顯然可以用兩種方法表現出來。

假定一百鎊爲投於工資中的資本如果所造出的剩餘價值也是一百鎊——這就

會顯出勞動者工作日的一半是包含着無償的勞動——，如果我們用投在工資中的資

本的價值去測定這種利潤，那末我們就當說利潤率等於百分之百，因爲投入的價值爲一百而取得的價值爲二百的緣故。

另一方面，如果我們不僅顧及投入工資中的資本並且還顧及所投的全部資本例如全部爲五百鎊其中四百鎊是代表原料機器等等底價值，那末我們就應當說利潤率只等於百分之二十，因爲一百鎊的利潤只爲所投的全部資本五分之一。

第一個表明利潤率的方法，是指示有償勞動和無償勞動間眞正比例——就是勞動剝削（你們得允許我用這個法國的名詞）的實在程度——底唯一方法；另外一個表明利潤率的方法，是普通所用的方法，而且的確也合於某幾種目的之用。無論如何，要將資本家向工人榨取無償勞動的程度隱藏起來它是有很大用處的。

我在還要進行的討論中以利潤這個名詞來代替資本家所榨取的剩餘價值的總額，絲毫不管這種價值要分作好幾分的問題。我用利潤率這個名詞經常地是以投入工資中之資本的價值來測定利潤。

一二　利潤、工資與價格底一般關係

從一種商品底價值中除去那種抵償原料和其他爲這商品耗費的生產手段的價值之價值，就是除去商品中所含那種代表過去勞動的價值所餘留的部分，就分解爲最後僱用工人所加的勞動量如果這個工人每天作工十二小時如果十二小時的平均勞動結晶成爲六先令的金額，這種六先令的追加價值，就是他的勞動所創造的唯一的價值這種由工人勞動時間決定的一定的價值，就是工人和資本家雙方自其中各分一分值。

的唯一的原本，就是分作工資和利潤的唯一價值。他們兩方，雖然可以按各種不同的比例來分配這種價值，但是這個價值的自身無所改變這是很明顯的假如不以一個工人計算而拿全部工作人口計算，把一千二百萬工作日去代替一個工作日也沒有什麼改變，

資本家和工人旣只要分配這種有限的價值，就是以工人全部勞動所測定的價值，

那末，一方面分得愈多，他方面就分得愈少，反之一方面分得愈少，他方面就分得愈多。每

逢有一個數量這個數量中底一部分減少其他部分相反地就要增加，如果工資有變動，

利潤就在相反的方面變動，如果工資下降利潤就上升，如果工資上升利潤就下降。如果

工人按我們前面所假定的取得三先令──等於他已經創造的價值之半數──，或者

他整個工作日一半是有償的勞動，一半是無償的勞動利潤率就是百分之百因為資本

家也要取得三先令。如果工人只取得兩先令或是在一整天中為他自己作工只占三分

之一的時間，資本家就取得四先令利潤率就是百分之二百。如果工人得四先令，資本家

便只得兩先令，利潤率就降至百分之五十，但是這一切變化都不致影響於商品底價值。

所以工資普遍的上升要引起利潤率普遍的下降，而對於價值卻不發生影響但是商品

底價值──這些價值最終一定要支配商品底市場價格──雖完全是由商品中固定

的勞動全量來決定不是由把這種勞動量分為有償勞動和無償勞動來決定，而在十二

小時所生產的一種或許多種商品底價值，決不是永遠不變的。在一定的勞動時間所生

產的或是爲一定的勞動量所生產的商品數或量，全靠所僱用的勞動底生產力．如何來決定，不是靠這種勞動底廣度或長度來決定的。例如紡績勞動的生產力，在一個十二小時的工作日中或可生產十二磅棉紗，他一種較小的勞動生產力或只生產兩磅棉紗如果在前一例中十二小時中平均勞動實現爲六先令的價値，十二磅棉紗如

而在後一例中兩磅棉紗也要値六先令。所以前一例中一磅棉紗只値六辨士在後一例中一磅棉紗竟要値三先令由所僱用勞動底生產力之差異就要發生這種價格的差異。

較大的生產力一小時的勞動實現爲一磅棉紗，而較小的生產力六小時的勞動實現爲一磅棉紗。

六辨士他方面工資雖低利潤率雖高但是一磅棉紗的價格却爲三先令這是必然的事，因爲一磅棉紗的價格是由費在這裏面的勞動全量規定的，不是由這種全量分爲有償

勞動和無償勞動的比來規定的所以我前面所說的高償勞動或可生產廉價商品低價勞動或可生產高價商品這種事實便沒有什麽不可解了。事情只是說明這個一般的法

則一種商品底價值，是由商品中所費的勞動量規定的，但商品中費的勞動量全靠所僱用的勞動底生產力如何來決定，所以勞動量隨勞動生產力底一切變化而變化。

價值與價格與利潤

一三　企圖工資增加或抵抗工資下降底要例

讓我們現在來鄭重考究那些企圖增加工資或抵抗減少工資底要例。

一我們已經知道勞動力底價值或如俗語所謂勞動底價值，是由生活必需品底價值或生產此等必需品所需的勞動量來決定的。例如在某國裏如果勞動者每天平均生活必需品底價值為六小時的勞動表現為三先令那末，勞動者為生產維持自己每天生活的等價物起見，每天必須作工六小時如果整個的工作日為十二小時資本家付他三先令便是付了他的勞動底價值；

但是現在假定因生產力減少底結果必須有更多的勞動去生產同量的農產品因此百。而整個的工作日底一半便為無償勞動，而利潤率就等於百分之百。

每日平均生活必需品底價格就從三先令漲至四先令勞動價值在這一例中就要增加三分之一或百分之三十三又三分之一勞動者要依照他原來的生活水準生產維持自己每日生活的等價物便須在一個工作日內佔去八小時所以剩餘勞動要由六小時減

至四小時，利潤率要由百分之百降至百分之五十。但是勞動者要求增加工資，不過只要求獲得他的勞動所增加的價值恰和出賣商品的人在商品底費用已經增加之後就努力使買者支付商品所增加的價值一樣如果工資沒有上升或沒有充分上升藉以補償生活必需品所增加的價值勞動底價格必低於勞動底價值勞動者底生活水準也就要減低。

但是變化也可以在相反的方向發生同量的每日平均生活必需品因勞動生產力底增加可以從三先令減至兩先令或是在一個工作日中不必要六小時只要四小時就能再生產一種每日必需品底價值，但是這種減低了的價值要能夠獲得從前同量的所買的必需品勞動就會下降，;現在工人可以用兩先令買從前用三先令商品於是利潤要從三先令漲至四先令而利潤率要從百分之百漲至百分之二百勞動者絕對的生活水準雖然仍然如前但是他的相對的工資從而他的相對的社會地位——和資本家的社會地位相比較——便降低了。如果工人要抵抗相對工資底減少他就只有努力在他自己的勞動之增加了的生產中分得一分，並且努力維持他從前在社會等級上的相對地位。英國工廠主在穀物條例取消之後當卽背棄那種反對穀物條例騷動時代所給予之最嚴肅的諾言，普遍地把工資減去百分之十一般工人底工資減去百分之十一般工人底效果，但是因種種情形——我現在不能述說這些情形——底結果後來又恢復所失去的百分之十的工資了。

二，必需品的價值因而勞動底價值雖然保持原狀，但是若因貨幣價值發生變化它們的貨幣價格也就隨之要發生變化。

因爲更豐富的礦產底發見等等生產二溫司金子所費的勞動或不致多於從前生產一溫司金子所費的，於是金子底價值必定減少一半或百分之五十，其他一切商品底價值，旣須用兩倍它們從前的貨幣價格表現出來，勞動底價值也是一樣的，十二小時的勞動從前用六先令表現出來，現在要用十二先令表現出來。工人底工資如果不漲至六先令而仍爲三先令，他的勞動底貨幣價格一定只等於他的勞動價值之半數，他的生活

79

水準一定大為減低。如果他的工資上升，但不和金子底價值下降成比例，這種情形也？

少要發生。在這種事例中勞動生產力或供給和需要或價值，都沒有什麼變動除這些價

值底貨幣名義以外什麼也沒有發生變化。如果說工人在這樣的事例中不應當主張工

資同一比例的上升，這就是說他必須滿足於名義上的報酬，不必在實際報酬上求得滿

意。一切過去的歷史證明，無論何時一發生這樣的貨幣跌價資本家就乘這種機會力圖

欺騙工人。很大一羣政治經濟學者確言因產金地底新發見銀礦底工作改良和水銀底

較廉價的供給貴金屬的價值已經又下降了。這椿事足以說明歐洲大陸普遍的同時的

增加工資之企圖。

三，我們以前都假定工作日有一定的限度。但是工作日自身不能具有不變的限度。

資本有一種永恆的傾向，就是要延長工作日達到它生理上可能的極端長度，因為剩餘

勞動因而及由這種勞動產出來的利潤，也將以同一的程度增加。資本延長工作日愈成

功，它佔有他人的勞動量就愈多。當十七世紀甚至於十八世紀內前三分之二的期間，十

80

價值價格與利潤

小時的工作日是全英國的正常工作日常反甲可賓戰爭（The Anti-Jacobin War）

之際——實際上這就是英國貴族反對英國工人大眾底一種戰爭——資本家慶祝自

己的勝利，並且把工作日從十小時延長至十二小時十四小時十八小時馬爾薩斯（Ma-

lthus）並不是一個多愁善感的人但他在一八一五年刊印的一本小冊子裏面宣稱這

種事情如果繼續下去國民的生命資源要受打擊新發明的機器一般應用的數年前約

在一七六五年，英國有一本小冊子出現名為貿易論（An Essay on Trade）這位軼名

的著者是工人階級底公敵他力言擴張工作日底限制之必要他所提議達到這個目的

底方法中有一種什麼勞役場（Working houses）說這種勞役場應是一種『恐怖院』

他替這些『恐怖院』所定的工作日是多少時間呢他定的是十二小時這就是一般資

本家政治經濟學者和閣員於一八三二年所明白宣佈的他們不僅把這定爲十二歲以

下的小孩子現有的勞動時間並且還把這定爲他們必須的勞動時間。

工人出賣他的勞動力並且在現制度之下他必須出賣他的勞動力因此他就將這

種力底消費讓給資本家，不過這樣的讓與，是在某種合理的限度以內能了。他出賣他的勞動力，是爲的要維持這種力——除掉勞動力自然的損耗以外，——不是爲的要毀滅這種力。大家曉得工人按着勞動力每日或每星期的價值出賣他的勞動力，並不願在一日或一星期內遭受兩日或兩星期的損耗或損失。現在舉一架值一千鎊的機器爲例。如果這架機器在十年間用完它，它就對於由它幫助生產的商品底價值每年加上一百鎊；如果這架機器在五年間用完它，它就對於所生產的商品價值每年加上二百鎊，或者說他每年損耗的價值和他消費底速度成反比例。而這一點却是工人和機器不同之處。機器底損耗和它的使用不恰是成等比的。反之，人類比僅從他工作數量底增加所看出的情形，還要更大的比例衰老起來。

在力圖將工作日減至從前合理的範圍時，或者當他們不能強迫法律規定一種標準工作日而力圖增加工資——使這種工資底增加不僅與被掠奪的剩餘時間成比例，而且成更大的比數——去防止過度工作時，工人們不過是對於他們自己和他們的族

週利與格價值價　　　　　　　　　　　　　　　　　　　82

類履行一種義務罷了，他們不過對於資本那種橫暴的掠奪加些限制罷了人類的進步

依賴時間，一個人如果沒有由自己處置的自由時間，一生除睡眠飲食等僅有的肉體上

必需的間斷以外都是替資本家勞動服務，那末他就還不如一個載重的畜生他不過是

一架生產別人財富的機器，身體是破敗的，心智是獷野的。但是近世產業底全部歷史證

明，如果對資本不加限制它就會不顧一切地無情地把工人階級全體投入這種極端的

墮落境地中。

資本家延長工作日，可以付出更多的工資而實際仍是降低勞動底價值假如工資

底增加不與被榨取的更多的勞動量相適應而使勞動力更快的衰退的話這種事也可

以用別種方法做出來。你們底中等階級的統計家們會告訴你們，說蘭開夏的工廠工人

底家族所得的平均工資已經增加了；他們却忘記了除家長那個男子底勞動以外他的

妻子和也許有三四個小孩子現在都被投在資本的車輪下了，忘記了總額工資之增加

不能和資本從這個家族所榨取的總額剩餘勞動相當。

即令工作日有一定的限制，例如適用工廠法的一切產業部門現在還有這種限制，

但如果要保持勞動價值的老標準，增加工資就是必要的。因增加勞動強度可以使一個

人在一小時內所費的生命力和他從前在兩小時內所費生命力一樣多。在工廠條例下，

各業中因為機器底速度增加和一個人要管理的工作機器加多，就在或種程度內發生

了這種情形。如果勞動強度底增加或是一小時內所費的勞動量的增加與工作日長度

的縮減保持公平的比例，那還算工人佔便宜。如果超過這個限度，他雖然以一種形式有

所得，而在另一種形式就有所失，於是十小時勞動底害處與從前十二小時勞動底害處

是一樣的。工人隨勞動強度底增加而為工資增加奮鬥以制止資本這種傾向，不過是抵

抗他的勞動底跌價和他的族類底墮落罷了。

四，你們都知道，由於我現在不加解釋的理由資本家的生產是依週期的循環進行

的。生產經過沉靜、漸漸活躍繁榮生產過剩恐慌和停滯種種狀態運動。商品底市場價值

和利潤底市場率跟着這些狀態變化，有時低於它們的平均數有時高於它們的平均數

價值價格與利潤　　　　84

你們如果考究全部循環期便會發現市場價格底一種偏差是由別種偏差相補償的而

且，將這個循環期平均起來，商品底市場價格是由商品底價值規定的好啦！可是當市場

價格下降時與在恐慌和停滯的狀態時，商品底市場價格下降時工人即或不致全然失業，他的工資也一定是會

減少的。他要不受騙即使在這樣的市場價格下降時也必須和資本家爭論，到底工資必

須減低至如何程度當繁榮時期產生額外利潤時，如果工人不力爭增加工資，那末按照

一個產業週期平均計算起來，他甚至要得不到他的平均工資或他的勞動價值。

資，在不利的週期狀態中既然必須受影響如果在繁榮時期不要求補償，這就是愚蠢達

於極點大概說起來，一切商品底價值只有因繼續變動的市場價格互相補償才能夠實

現，而繼續變動的市場價格是從供給和需要底繼續變化發生的。在現制度底基礎上勞

動不過是一種商品和其它商品一樣所以勞動要獲得一種和它的價值相應的平均價

格必須經過同樣的變化。如果在一方面把勞動看做一種商品，而在他方面又要把它放

在那些不受商品價格底法則之外這就是荒謬的了。奴隸能得到永久的固定的分量之

生活資料，而僱傭工人却不能這樣僱傭工人如果要想補償一個時期中工資底減少，必須在別一個時期中努力獲取工資底增加，如果他自己退讓而接受資本家底意志或命令作一種永久的經濟法則，他就一定要受奴隸所受的一切苦痛而得不到奴隸的生活保障。

五，在我以上所討論的各例中——他們已是一百個例子中——，你們已經看見增加工資底鬥爭只是隨着事前變化底軌道運行的並且是生產底分量勞動底生產力勞動底價值貨幣底價值被榨取的勞動長度或強度以及市場價格底變動等等之事前變化底必然產物是依需要和供給底變化爲轉移的，而且是與產業週期內各種不同的時期相適應的總說一句，這種增加工資底鬥爭，你們如果只看到工資底變動而忽視他們所自出的其他一切變動，那末你們就是因爲要達到虛偽的結論途從一個虛偽的前提着手。

動之一種反動，你們如果丟開這些情形去討論增加工資底鬥爭就是勞動對抗資本事前行各種反動，你們如果丟開這些情形去討論增加工資底鬥爭，你們如果只看到工資

价值价格与利润

一四　資本和勞動間的鬥爭及其結果

一，工人方面週期性地抵抗工資底減少，週期性地企圖工資底增加，是和工資制度不能分離的，是受勞動與商品相同這事實所支配因此也是受規範一切價格運動的法則所支配的工資一般的增加發生一般利潤率底下降但是對於商品底平均價格或商品底價值不發生什麼影響？——這是已經講明白了的現在的問題就是資本和勞動間不斷的鬥爭到什麼地步勞動才有勝利的可能，

我可以用一種概括的話來答覆這個問題勞動和其他一切商品一樣它的市場價格在長期間要適合於它的價值所以無論市價有什麼漲落無論工人如何竭力鬥爭平均計算起來工人只能獲得他的勞動底價值他的勞動底價值便變成爲他的勞動力底價值這種勞動力的價值是由維持和再生產這種力所需之必需品底價值決定的，而必需品底價值最後又是由生產它們所需的勞動量規定的。

但是有些特點可以區別勞動力底價值或勞動底價值與其他一切商品價值底不同。勞動力底價值，是由兩種要素構成的，——一種是僅僅物質的要素，一種是歷史的或社會的要素。勞動力最終的限度是由物質的要素決定的，這就是說，工人階級要維持並且再生產它自己要繼續它的物質的存在，必須取得那些維持生活和繁殖族類所絕對不可少的必需品所以那些不可少的必需品之價值，就構成勞動價值最終的限度。

在他方面工作一天的長度也是由最終的不過很有伸縮的界限所限制着的。工作日最終的限度是由工人底體力限定。如果他的生命力每日的消耗超過某種限度他的體力便一天一天地不能從新使用了。但是，我們剛才說過這種限度是很有伸縮性的。不健康的短命的後代，如果生殖的極速也可與精壯的長命的後代一樣可以供給勞動底市場。

除物質的要素以外各國的勞動價值是由一種傳統的生活水準（Traditional Standard of life）決定的這種生活水準，不單是物質的生活，而是一種人民居於斯育於斯的社會狀況中發生出來的某幾種需要之滿足英格蘭人底生活水準或可降至愛爾蘭人底生活水準；德國比民底生活水準或可降至利活尼亞(Livonia)農民底生活水準你們可以從銅頓(Thornton)的人口過剩論(Over-population)裏面了解歷史

傳統和社會習慣在這方面所起的重要作用,銅氏在他這著作中指明英格蘭各農業區

域中的平均工資現在仍然或多或少地依照這些區域從農奴狀況中翻身出來或多或

少的有利情形而各有多少差異。

這種歷史的或社會的要素加入勞動底價值裏面或是擴張,或是縮小或是完全消

滅。所以以後只剩下物質的限制。當反甲可賓戰爭之際(像那位不可救藥的吞食民膏

尸位素餐的老喬治·洛斯 George Rose 所常說的一樣,這戰爭是為要保持我們神

聖宗教底安樂防止法國瀆神者底侵入而發動的,)我們從前一次曾議把他說得很好

的英國忠厚農民竟把農業勞動者底工資減低到甚至少於那種淺淺物質上的最小限

度,但物質上延續族類所需的不足之數被救貧法(Poor Laws)所補償了。這就是使

傭工人者變成奴隸使莎士比亞底驕傲自由民變成貧民的一個光榮的方法。

你們如果比較各國底標準工資或勞動底價值，並且比較一國中各種不同的歷史時期內的標準或工資勞動價值；你們就會發見勞動底價值的自身是一種變化的量不是一種固定的量即使假定其他一切商品底價值不生變化，勞動底價值還是變動的。

這種比較可以證明不僅市場利潤率發生變動就是其平均率也發生變動。

但是講到利潤一層却沒有一種法則決定他們的最低限制。我們不能夠說利潤降低的最終限度是什麼。我們爲什麼不能夠規定那種限度呢？因爲我們雖能規定工資底最低限度，我們却不能夠規定工資底最高限度。我們只能夠說，工作日既有限制利潤底最高限度和工資物質的最低限度是相調應的工資既有定數，利潤底最高限度和那種爲勞動者體力所能担負的工作日底延長是相適應的所以利潤底最高限度是由工資之物質的最低限度和工作日之物質的最長限度所限制的。在這最高限度利潤率底兩個限制之間，可以有許多的變動這是非常顯明的。規定利潤率實際上的限度，只能取决於資本和勞動間繼續不斷的鬥爭資本家總是想把工資減少至它的物質的最低限度，

價值價格與利潤　　　　　　　90

把工作日延長至它的物質的最長限度，同時工人則在相反的方向不斷挺進。

這椿事就歸著於戰鬥者兩方面底力量的問題。

二，講到英國工作日底限制一層和其它各國一樣，除立法上的干涉以外工作日底

限制是從沒有規定的。如果沒有工人繼續從外面壓迫這種干涉也永不會實現。但是無

論如何，這種結果決不是工人和資本家間私人的妥協所能夠獲得的這種普遍政治行

動的必要性給我們一種證據，就是僅就資本在經濟的行動上說資本力量要強大些。

講到勞動價值底限制一層它的實際上底決定經常是依供給和需要（就是資本

方面對於勞動的需要和工人對於勞動的供給）爲轉移的。在殖民地國家（註）裏面供

給和需要底法則利於工人所以美國有相對的高工資水準，資本在這裏可以盡其全力

而爲之促傭工人繼續變爲獨立的自給的農民勞動市場就繼續空虛，資本也不能加以

（註）馬克思是說那些有許多自由土地（Free Land）的殖民地國家因此工作人繼續羣趨於農

業而變成獨立的農民這種殖民地國家包括美國與澳洲。

——編輯部註

制止作僱傭工人對於美洲大部分的人民僅為一種試作性質，在或長或短的時期內他們一定會脫離這種生活的。母邦的英政府因為要改正殖民地這種情形曾有一時期採納所謂近世殖民學說這種學說主要為防止僱傭工人變為獨立的農民過於迅速對於殖民地的土地造成一種人為的高價格。

現在我們來考究資本支配全部生產過程的文明古國就舉英國一八四九年至一八五九年的農業中工資增加為例。其結果是什麼呢？農業經營者不能夠增加小麥底價值，甚至於不能夠增加小麥底市場價格（我們的朋友威斯頓想來一定會勸告他們這樣做）反之，他們只有聽任市場價格底下降但在這十一年之中他們採用各種的機器並採用各種更合於科學的方法，把一部分耕地變成牧場增加農場底面積，因以增加生產的規模並且用這些方法和別種方法藉增加生產力以減少勞動底需要，使得從事農業的人口又相對地超出需要了這就是各個古老安定的國家中資本遲早反對工資增加之一般的方法。李嘉圖曾正確地說過，機器是不斷和勞動競爭的，常勞動價格已經達

價值價格與利潤　　　　　　　　　　　　　　　　　　　92

於某種高度，機器才能夠被採用，但是應用機器不過是增加勞動生產力的許多方法之

一罷了。然而正是這種使普通勞動相對過剩的進步在另一方面又使熟練勞動簡單化，

因此使這種勞動跌價。

同一的法則還有另一種形式因勞動生產力底發達雖有相對的高工資率資本底

積蓄也將愈加迅速進行。因此人們可以推測——和亞當·斯密曾經推測的一樣當亞

氏時代近世產業仍在幼稚時期——資本積蓄底加速一定因勞動需要底增加而有利

於工人現代許多著作家從這一觀點出發對於最近二十年中英國資本底增加遠速於

人口底增加而工資却沒有較前更高一事曾經表示詫異但是因資本積蓄底增進在資

本底構成中同時便發生一種遞加的變化那一部分包含固定資本、機器、原料和各種生

產手段的資本總額與其他一部分資本——這一部分資本是充作工資或購買勞動之

用的——相比較就遞加地增多了這種法則已經由巴頓李嘉圖西斯蒙地(Sismondi)

約恩斯敎授(Professor R. Jones)、拉姆色(Ramsey)敎授、克標利慈(Cherbulliez)

和其他學者多少精密地說明了。

如果資本這兩種要素底比例原來是一對一，在產業發展中這種比例就將成爲五

對一等等的比數。如果全部資本爲六百內中三百充工具和原料等等之用，其餘三百充

工資之用，那末要造成六百工人——不是三百工人——底需要，便必須把這令部資本增

加一倍就行了。但是如果總資本六百內中有五百充機器和原料等等之用，只有一百充

工資之用那末要造成一種六百工人——不是三百工人——底需要，便必須把資本從

六百增至三千六百。所以在產業發展中勞動底需要不能夠與資本底積蓄並駕齊驅勞

動底需要仍然是會增加的，但是和資本底增加相比較，常成爲遞減的比例。

以上所說幾點，足以表明近世產業底發達必定遞加地有利於資本家而有害於工

人，因此資本家的生產之一般傾向，不是提高平均的工資水準而是降低平均的工資水

準或是多少要把勞動價值驅向它的最低限度這是這種制度中諸事的傾向但這是不

是說工人階級應當捨棄他們對於資本掠奪的抵抗並拋開他們利用一切時機使他們

生活有一時改良的企圖呢?他們如果這樣做去,就會淪爲一羣不可拯救的窮苦無告的

人。我想我已經指明過他們對於工資水準底鬥爭是全部工資制度中不可分離的附屬

物,他們努力增加工資一百囘中就有九十九囘是爲維持已定的勞動價值他們必須與

資本家爭論價格是他們不得不把自己當作商品出賣的生活狀況中所不能免的事。他

們和資本日常鬥爭如果畏縮讓步,他們就一定喪失資格不配發起廣大的運動。

同時把工資制度中所含的普通勞役撤開不論,工人階級也不應自諉這些『日常鬥

爭,把它作爲最終目的他們不應忘記,他們是在與結果奮鬥,而不是在與這種結果底原

因奮鬥。不應忘記,他們是在防止自己生活的愈趨惡劣,而不是在從事根本改變自己的

生活。他們是在治標,而不是在治本所以他們不應當專致力於這些不可免的不斷從無

休止的資本侵掠或市場變動中發生出來的小鬥爭。他們應當懂得現制度除加於他們

以一切苦痛外同時又造成社會底經濟改造所必需的種種物質條件和社會形態。他們

應當在他們的旗幟上寫上『廢除僱傭勞動制度』底革命的口號去代替『一天公道

的‧工‧作‧得‧一‧天‧公‧道‧的‧工‧資‧那種保守的格言！

我因為要對於主要問題略予正常的說明，所以解釋不得不長，而且——我恐怕是——令人討厭；現在解釋完了，我將提出以下決議作為結束。

第一工資一般的上升要發生一般利潤率底下降之事但是泛言之這椿事對於商品底價格不致發生影響。

第二資本家的生產之一般的傾向不是提高平均的工資水準而是減低平均的工資水準的。

第三用職工會為抵制資本剝削的中心組織很有效力。他們的失敗，一部分由於不善運用他們的力量他們的失敗，一般地由於限於抵抗現制度所產生的效果之小戰爭，而不同時努力去變更這種制度去運用他們有組織的力量作為工人階級最後解放，即是說，最後消除僱傭勞動制度的動力。

后记

"马克思主义经典文献传播通考"丛书经过三年多的立项、写作、编辑，终于呈现在广大读者面前。

"十月革命一声炮响，给我们送来了马克思列宁主义。"从此，以李大钊为代表的中国先进分子选择了这一思想并积极推动马克思主义政党的建立。中国共产党成立后，坚定地把马克思主义作为指导思想和理论基础，推动着中国革命、建设和改革事业不断胜利，推动着中华民族复兴伟业不断前行。2018年是马克思诞辰200周年，2020年是《共产党宣言》第一个完整中译本出版100周年，2021年是中国共产党成立100周年。在这样的背景下，我们推出了"马克思主义经典文献传播通考"，就是要探寻马克思主义经典文献是如何传入中国的；在传播过程中，无数前辈付出了怎样的努力和牺牲；这些经典思想又怎样与中国实际相结合、与中国文化相融合，从而成为指导中国革命和建设的强大思想力量。

辽宁出版集团和辽宁人民出版社秉承出版理想，担当出版使命，以强烈的主题出版意识，承担了这一重大出版工程的编辑出版工作；积极组建工作团队，配备优秀编辑力量，为此项出版工程的顺利推进提供了多维度保障。

在出版项目实施过程中，杨金海、李惠斌、艾四林三位主编以高度的责任意识、严谨的治学态度、扎实的学术功底和深厚的专业素养，为丛书的研究方向、学术内容、逻辑结构、作者选择、书稿质量把关等贡献了大量的智慧，是这套丛书得以顺利出版的根本保证。王宪明、李成旺、姜海波三位副主编全力配合丛书主编工作，为丛书的编写付出了大量心血。特别是常务副主编姜海波全身心投入丛书的编写工作，从丛书所附影印底本资料的搜集，到书稿编写的整体协调和联络，都精心负责，其认真的工作精神和勤奋的工作态度，令我们感动。原中央编译局的领导和研究人员为本丛书的出版作出了积极贡献。原副局长张卫峰在选题立项、主编人选的推荐和丛书的设计上给予热心指导；中央编译出版社原社长和龑先生和我们一起全力推动丛书的出版，贡献了智慧和力量。清华大学马克思主义学院作为项目的主持方，为项目的平台建设和未来学术发展提供了强有力的支持。每本书的作者都殚精竭虑、勤奋写作，奉献了自己的学术和研究成果，成就了如此大规模丛书的出版。我国理论界和翻译界的著名专家陈先达教授、赵家祥教授、宋书声译审等对丛书的出版给予鼎力支持，为丛书的出版立项积极推荐，给我们以巨大鼓舞。我们出版行业的老领导柳斌杰对丛书的出版给予大力支持，提出许多宝贵建议，提升了其出版价值。辽宁出版集团专家委员会的许多成员对该丛书的出版给予了智力和业务上的支持帮助。作为丛书的出版方，我们向他们表示深深的谢意！

　　一项浩大出版工程的背后，必定有一批人的智慧付出和竭诚奉献。今天，当出版成果摆在读者面前之时，我们由衷地向每一位对本丛书问世作出贡献的人致以崇高的敬意和诚挚的谢意。由于我们水平有限，在编辑出版过程中难免出现疏漏，还望广大读者批评指正。

编　者

2019 年 7 月